5

本书受国家社科基金项目（项目编号 12BJY156）
和安徽财经大学金融学科特区资助

我国保障房体系动态优化中的金融支持与风险控制研究

徐旭初 著

合肥工业大学出版社

摘　　要

"十二五"期间,我国合计开工建设保障性住房 3970 万套,超额完成了 3600 万套的预定目标。随着我国城镇化的推进,"十三五"乃至今后相当长的一个时期内,我国住房保障体系的构建依然任重道远。在经济进入新常态、政府财力增速放慢的背景下推进住房保障体系建设,需要住房保障供给与配置模式的优化;需要更加周密、更加科学地发挥财政资金的杠杆作用,多形式、多渠道动员社会金融资源参与住房保障体系建设。同时,在较短的时期内集中建设保障房,除了给财政带来巨大的当期负荷,由融资带来的后期负荷更加值得关注,必须审慎防范保障房建设融资可能引致的财政风险及其向金融领域的扩散。

中国住房政策的变迁始终遵循"公平与效率兼顾"这条主线,随着经济社会的发展,我国的住房保障已经从单一模式逐步发展为全功能、多层次的复合模式。保障房供配模式的进一步优化,需要遵循公平性、效率性及实践性目标。在实践中,坚持需求导向的住房保障供给原则和效率导向的配置原则。

住房保障供给取决于住房保障的需求。住房保障需求受住房市场价格、居民收入水平、收入结构及贷款利率等多种因素影响。以 2012 年居民收入中位数及城市房价中位数测度出我国城镇居民家庭的住房可支付指数约为 70%,这说明了我国城镇居民家庭住房消费能力的不足,同时也从一个层面反映出我国房价偏高的现实。要降低我国的住房保障供给压力,可选的路径包括抑制房价、提高居民收入、优化居民收入结构及降低房贷利率等。住房保障供给过程中,应有效防止"居住隔离"现象与社会财富阶层因保障而发生异变现象的发生。

住房保障配置是实现保障的具体路径。当前,我国的住房保障采用"租售并举"的模式。如果将单位财政资金实现的保障效果定义为财政资金的保障效率,不同的住房保障配置模式具有不同的保障效率。在我国快速城镇化的背景下,选择一个时期集中建设保障房是一种惠及民生的必要选择。在政府保有的保障房达到一定数量且市场房源充足的情况下,提供住房保障的方式可以进一步丰富。经济运行是一个动态系统,住房保障的实现方式也应当动态调整。鉴于租金补贴模式具有较高的保障效率,在条件适当的情况下,住房保障可以更多以租金补贴的方式来实现。

住房保障供给与配置模式的优化还应当做到因时因地。在不同的住房市场环境下,政府的选择应当存在差异。在住房供不应求时,政府宜采用新建模式提供住房保障,缓解住房紧张状况;在住房供过于求时,应当充分利用市场现有房源解决住房保障问题。住房保障体系作为社会保障体系的有机构成部分,除了可以发挥社会救济功能,同时兼具宏观调节功能。这种宏观调节功能,除了可以调节 GDP,还可以"熨平"行业周期。在住房市场"去库存"时期,政府应当强化住房保障与住房市场联动,减少保障房建设,充分利用市场房源发挥住房保障作用。中国幅员辽阔,各地经济发展与自然状态存在很大差异,在解决住房保障问题时,既要有统一的政策基础,又需要结合地情选择解决方案。如在房价高企、同时住房供过于求的地区,政府可以调控住房市场价格,让更大比例的人群有能力通过市场取得住房,减少对住房保障的需求;同时充分利用现有房源实现保障,避免新建的保障房造成住房供求失衡状态的加剧。

中国保障房建设由政府主导,大规模集中建设保障房需要大量资金支持。在保障房建设过程中,地方政府是投融资的关键主体,承载着巨大的财政负荷。在住房保障体系构建中的央地互动与博弈中,受地方财政状况的制约及地方政府自身利益考量的影响,保障房建设与运行可能出现资金困境,破解困境的基本思路是拓展融资渠道,运用金融创新。在这方面,美、日等国的住房保障融资实践值得借鉴,同时,中国一些代表性城市住房保障融资的做法更加值得参考。总的来说,住房保障的外部性特征使得该领域缺乏对社会资源天然的吸引力。引导社会资源特别是金融资源流入住房保障领域,需要政策的科学引导,应综合利用土地、财政与金融政策等,确保进入住房保障领域商业资金的风险收益均衡。要积极探索 PPP、BOT 与 REITs

等融资创新模式在住房保障领域中的运用。在创新模式运用过程中,要严密论证其适用性与可行性,坚持流程的科学化。

政府在构建住房保障体系过程中,应当审视住房保障供给和配置模式与财政负荷的匹配关系,将政府部门的杠杆率控制在合理范围内,保证住房保障体系构建与财政运行的协同发展。要严密防控住房保障融资风险的发生,住房保障融资风险的诱发因素是融资带来的财政后期负荷超出地方政府债务清偿能力,它直接表现为财政风险,进而向金融领域蔓延,形成财政风险与金融风险的相互交织。防范住房保障融资风险需要强化政府引导,推动融资路径多元化;创新住房保障融资模式与融资机制;动态调整住房保障模式,提升住房保障资金使用效率;加强资金用途管理,防止平台过度融资;建立融资风险转移机制,拓展风险转移路径。

序

　　住房保障实践自中华人民共和国成立以来一直存在并逐步发展完善。计划经济时期,城镇住房建设由国家主导,实行实物分配,城镇居民获得的住房本质为租金水平很低的公有租赁住房,这种制度安排具有极强的福利性特征,但单一的资金来源渠道致使城镇住房供给严重不足。党的十一届三中全会作出了实行改革开放的重大决策,商品经济思维逐步进入决策过程。1980年4月,邓小平明确指出,住房改革要走商品化的路子。随后,我国的住房商品化改革正式拉开帷幕,城镇居民获得住房的主要路径逐步演化为货币购买。住房商品化改革的推进,使得城镇居民住房建设资金日趋多元化,城镇居民的居住质量迅速提升。与此同时,也就出现了城市“夹心层”,由于缺乏足够的购买能力,对于商品化住宅他们只能望而兴叹。为了解决“夹心层”的居住问题,国家推出的住房保障政策日趋完善,从最初经济适用房,发展至廉租房、公租房和两限房,如此等等。至今,我国的住房保障已经从单一模式逐步发展为全功能、多层次的复合模式。

　　审视住房保障制度安排及其效果,必须将城镇住房视作一个整体。当前,城镇住房供给为市场化与住房保障并存模式,必须看到住房保障需求在很大程度上受到住房市场价格的影响。房价越高,居民通过市场化方式获得住房的能力越弱,住房保障需求就越旺盛。合理调控房地产价格,可以让更多的城镇居民有能力通过市场购买住房,进而可以有效降低住房保障需求。换言之,就是在房地产市场价格得到有效调控的前提下,政府投入等量住房保障资金获得的保障效果更好。因此,保障城镇居民获得体面的居住权一方面要在住房保障领域进一步投入,另一方面需要建立房地产市场调控长效机制,必须要坚定“房子是用来住的、不是用来炒的”这一基本指导思想不动摇。

我国住房保障问题的解决,需要因时因地广泛动员社会资源。解决中国住房保障问题,需要尊重两个基本现实:一是中国的城镇化进程快速推进,城镇化人口规模庞大;二是中国幅员广大,各地经济发展与自然状态存在很大差异。所以解决中国住房保障问题,既要有统一的政策基础,又需要因时因地选择解决方案。近期如北京等特大型城市推出的共有产权保障房以及租售同权等制度安排都是因时因地的积极探索。住房保障是一种准公共产品,单纯依靠财政投入,会给政府带来难以承受的财政负荷,政府可以通过制定合适的政策,引导多方社会资源的共同投入,最大程度地发挥财政资金在住房保障体系建设中的杠杆作用。

动员金融资源进入住房保障领域,要做到形式多样与风险可控。住房保障的外部性特征使得该领域缺乏对社会资源天然的吸引力。引导社会资源特别是金融资源进入住房保障领域,需要土地、财政与金融等方面政策的科学引导,以保证进入住房保障领域的商业资金达到风险收益均衡。在融资实践中,既要运用银行贷款、债券发行等传统融资方式,又要积极探索PPP、BOT 与 REITs 等融资创新模式。政府在构建住房保障体系过程中,应当审视住房保障供给和配置模式与财政负荷的匹配关系,将政府部门的杠杆率控制在合理范围之内,保证住房保障体系构建与财政运行协同发展。要严密防控住房保障融资风险的发生,住房保障融资风险的诱发因素是融资带来的财政后期负荷超出地方政府债务清偿能力,它首先表现为财政风险,继而向金融领域蔓延,形成财政风险与金融风险的相互交织,所以对于住房保障融资风险的控制十分重要。

徐旭初教授的这本专著从充分利用资源的角度探索拓展保障房来源渠道,从提高效率与均衡资金负荷角度探讨优化保障房配置模式;综合考虑保障房来源与配置,对我国保障房体系的动态优化进行探讨。通过系统分析指出,来源结构与配置模式的组合决定着不同主体的融资负荷及融资需求的时间序列分布,并以此为基础设计保障房金融支持体系与路径;同时,力求在明晰住房保障融资风险生成与演化机制基础上,探索风险控制方法。细读这本专著,不难看出作者对于我国住房保障融资及风险控制问题有着系统深入的思考,提出的建议具有较好的实践参考价值,其中也不乏独到的见解。

　　我国的住房保障体系仍处在动态优化过程之中,如何优化? 如何进一步解决优化中的资源配置? 如何防控资源配置中的风险积累? 这些问题的回答与解决,需要认识与实践的不断深化。学无止境,望作者及其科研团队持续深入研究,收获更加丰硕的成果。

安徽财经大学校长　丁忠明

博士/教授/博士生导师

2018 年 2 月于龙子湖畔

目　　录

第一章 绪 论

第一节 选题背景与研究意义

一、选题背景

"安得广厦千万间,大庇天下寒士俱欢颜",低收入阶层的住房问题自古以来就受到人们的关注。中国共产党第十八次全国代表大会提出 2020 年实现全面建成小康社会目标,让绝大多数居民拥有体面的居住条件,无疑是这一目标实现的具体表现。住房是居民生活必需品,但在市场经济条件下,并非每个家庭都拥有通过市场化方式解决居住问题的能力,因此构建住房保障体系事关民生,事关和谐。《国民经济和社会发展第十二个五年规划纲要》提出:"十二五"期间,我国要建设城镇保障性住房和棚户区改造住房 3600 万套(户),全国保障性住房覆盖面达到 20％左右。2011 年到 2014 年,全国各地开工建设保障性住房 3230 万套,2015 年的目标任务为 740 万套[①],到 2015 年底,全国合计开工建设保障性住房 3970 万套,超额完成 3600 万套目标任务的 10％。

2016 年 3 月 5 日,国务院总理李克强在《2016 年国务院政府工作报告》中提出,"十三五"期间"要深入推进以人为核心的新型城镇化","到 2020 年,常住人口城镇化率达到 60％、户籍人口城镇化率达到 45％"。要"持续增进

---

① 资料来源:新华网,http://news.xinhuanet.com/fortune/2015－07/17/c_1115960575.htm,2015.07.17

民生福祉,使全体人民共享发展成果",要"完善住房保障体系,城镇棚户区住房改造2000万套"。可见,在我国城镇化进程进一步推进的一个相当长的时期内,保障房建设任务依然任重道远。

然而保障性住房具有准公共物品属性,保障对象为低收入与中低收入阶层,保障房建设与运营难以获取市场平均利润,住房保障体系构建缺乏对商业性金融资源的吸引力,完全依赖市场机制,难以形成资源集聚效应。推进住房保障体系建设,需要政府的参与与大力支持。"十二五"期间,我国保障房建设取得的重大成就,可以说是中央政府主导下,与地方政府积极行动的结果。为了保障保障房体系建设取得预期成效,《国民经济和社会发展第十二个五年规划纲要》提出"建立稳定投入机制,加大财政资金、住房公积金贷款、银行贷款的支持力度,引导社会力量参与保障性住房建设运营"。2011年至2014年,仅中央财政就为住房保障体系构建投入资金7100亿元。同时,为推进保障房建设,批准保障房建设单位发行了7000多亿元的企业债券。人民银行、银监会要求各银行向保障房建设企业积极投放贷款,4年累计投放16000亿元,其中国家开发银行投放了8800多亿元①。在此过程中,各级地方政府也通过多渠道募集资金,支持保障性住房建设。可以说,中国的保障房建设之所以在很短的时间内取得举世瞩目的成就,政府主导、多形式多渠道积极动员社会资源参与起到了根本性作用。

"十三五"期间乃至未来相当长的时期内,保障房建设任务依然艰巨。如何进一步动员金融资源参与保障房建设,是一个需要长期关注的命题。随着中国经济进入新常态,经济增速换挡回落,2012年至2015年,中国GDP增速分别为7.8%、7.7%、7.3%和6.9%,相较于2012年之前的十年经济增速10%左右而言,经济增长速度已明显放慢,与之相对应的是财政收入增长速度也在趋缓,2010年至2015年,中国财政收入的增长率分别为21.3%、24.8%、12.8%、10.1%、8.6%和8.4%;其中税收收入增速下降更快,2010年至2015年,中国税收收入增速分别为23.0%、22.6%、12.1%、9.8%、7.8%和4.8%。财政收入增速趋缓,特别是作为财政收入基础的税收收入

---

① 资料来源:新华网,http://news. xinhuanet. com/fortune/2015－07/17/c_1115960575. htm, 2015.02.13

增速的快速下滑,使得政府在公共投入领域需要进行更加审慎的安排。如何在政府财力增速放慢的背景下推进住房保障体系建设,需要更加周密、更加科学地发挥财政资金的杠杆作用,动员社会金融资源参与到保障房建设与运营过程之中。

动员金融资源参与保障房体系建设的过程,同时也是一个房地产建设企业(其中相当一部分为地方融资平台)债务增加的过程,如果该建设单位为地方融资平台,则政府就担负着隐性担保责任。根据中国社会科学院发布的《中国国家资产负债表 2015》,2014 年底,中国实体经济杠杆率达到217.3%,这个数字在世界主要经济体中处于中游水平。值得注意的是中国非金融企业的杠杆率在 2014 年底为 123.1%,在主要经济体中为最高水平;地方政府总负债达到 30.28 万亿元,约为 GDP 的 47.6%。财政收入增长速度的放慢、经济杠杆率的提高及债务集中偿还期的到来等,使得保障房建设融资问题,需要更加科学地规划与安排。

如何解决我国保障房建设引致的资金缺口及通过地方融资平台融资可能导致的风险问题,这显然是现实背景下十分值得关注的命题。

二、研究意义

本课题研究从充分利用资源的角度探索拓展保障房来源渠道,从提高效率与均衡资金负荷的角度探讨优化保障房配置模式。综合考虑来源与配置,对我国保障房体系的动态优化进行探讨。来源结构与配置模式的组合决定着不同主体的融资负荷及融资需求的时间序列分布,以此为基础设计保障房金融支持体系与路径,将具有更好的实践可行性,实现资金供给充足和可持续。我国保障房融资风险,直接表现为财政风险,一旦地方财政清偿能力不足,财政风险将蔓延至金融领域,使得风险结构呈现复杂化特征。明晰住房保障融资风险生成与演化机制,探索风险控制方法,具有十分重要的实践价值。

(一)理论意义

1. 构建保障房需求预测及构建住房保障体系资金需求模型。将收入水平、收入结构、人口变动、住房市场价格及金融市场利率等主要因素纳入分析框架,保证模型对现实的解释力。

2. 试图厘清住房保障金融风险形成与演化机制。我国在一个较短的时期内需要供给数量庞大的保障房,以地方融资平台向银行贷款为主的融资渠道运作模式,可能导致政府债务超出其清偿能力,进而引发财政风险与金融风险。明晰保障房融资风险形成与演化机理,是做好风险控制工作的前提与基础。

(二)现实意义

1. 从来源视角研究我国住房保障体系构建,有利于有效动员社会资源,推动住房保障供给;从配置视角研究我国住房保障体系构建,有利于提升保障房配置效率。

2. 通过来源与配置模式的合理搭配,可以有效改善保障性住房的未来现金流与各主体的融资负荷,改进保障性住房供给的金融支持路径,实现住房保障金融的可持续发展。

3. 防止住房保障体系构建过度依赖财政资金而诱发的财政风险与金融风险相互交织情况的发生。

第二节　国内外文献述评

一、文献综述

(一)国外文献综述

发端于 1929 年的世界经济危机,促使人们重新思考政府与市场之间的关系,市场失灵问题成为学界关注的焦点,政府对经济与社会进行适度干预的必要性被广泛接受。低收入群体的住房问题不再被视作纯粹的家庭(个人)问题,政府参与能够更加有效地解决低收入群体的住房问题,这也逐步成为理论界与实践界的共识。随后,理论界对于住房保障体系展开了多维度的研究,20 世纪 60 年代,该领域的研究取得重要进展,产生了一批经典成果,随后的研究逐步深化与细化。

1. 关于保障程度与保障模式

Donnison(1967)提出,确定一国住房保障程度的基本依据是该国的经济社会发展水平。经济社会发展水平越高,住房保障程度亦越高,两者之间呈正相关关系。Anderson(1992、2003)充分比较了西方代表性国家住房保障体系构建的实践,提出了三种住房保障体系构建基本模式:以美国为代表的自由福利国家模式、以德国为代表的保守福利国家模式和以瑞典为代表的社会主义福利国家模式。Barlow 和 Duncan(1994)以 Anderson 的研究为基础,提出对于正在实现工业社会转型的初级阶段国家,住房保障体系构建可以采用初级福利国家模式,他通过分析还提出了福利国家类型与保障房产权安排之间存在紧密关联的观点。

2. 关于住房保障体系的构建与优化

Robert(2010)指出,政府要基于对住房保障需求的预测和对财政金融承受能力的评估,综合考虑来源与配置两个方面,设计与优化本国的住房保障体系。Arthur(2003)通过研究提出,在保障房来源与配置模式选择中,应进行成本效益分析,比较货币补贴与实物保障两种模式,他认为货币补贴方式能够更好地提升保障对象的家庭效用。Balchin(1996)在对欧洲主要国家的住房保障实践考察后,发现保障性住房的产权安排与居民的住房需求结构紧密相关。Hancock(1993)、Hughes(1996)先后证实了住房价格、房贷利率与居民家庭住房支付能力之间的负相关关系。Martin Livette(2006)通过大范围问卷调查,发现社会文化因素对住房供求存在很大影响。Richard(1962)以弗里德曼的固定收入假说为基础,运用总量数据对住房供需特征进行研究,发现住房需求的收入弹性接近 2,此前的研究一般假定住房需求收入弹性为 1 或小于 1。世界银行 Mayo(1981、1985)认为,住房的收入弹性存在国际差异,同时,租用住房和自用住房的收入弹性存在很大的不同。Gary Painter(1997)分析指出,公共住房的等待时间与城市中低收入家庭对公共住房的需求呈负相关关系;同时城市内部流动性提高,会导致公共住房等待时间缩短。Holmes(1999)提出住房保障体系构建与优化应当以市场供应能力为基础,符合人口变动规律。

3. 关于保障房体系构建中的政府角色

Charles 和 Mike(2001)基于公共政策视角提出,政府的角色除了要保证经济增长,提高人民的生活质量以外,其中解决好人民的住房问题也十分重要,它甚至在很大程度上影响着一个国家或地区政治与经济的长久发展。Quigley(1999)通过对北美国家住房政策及其实施效果的审视,提出政府介入住房市场有利于保护消费者、缓解外部性,同时还能够均衡收入分配、促进社会公平。

Blanchard(2003)提出政府构建住房保障体系时,要综合考虑市场供给、保障需求及保障供给的可持续性。Bratt(1997)研究认为,政府应建立积极的住房保障政策,避免贫民窟和"城市病"困扰城市发展,保障房体系的构建有助于协调环境、人口及社会间的矛盾。Gibb(2010)研究了政府如何构建保障体系及如何有效推进保障性住房建设等问题。Frank(2001)研究认为,政府的公共住房政策应更多通过价格引导机制发挥作用,减少对住房市场的直接干预。Garstedt(2001)研究发现,在保障房体系构建过程中,市场有很好的反应能力,补贴需求方的"人头补贴"模式在很大程度上优于补贴供给方的"转头补贴"模式。Lawson 和 Milligan(2007)提出政府应当作为引导者而不是执行者参与保障性住房建设,政府要想方设法引导商业资金投资建设保障房,同时在对住房市场调控的过程中充分发挥土地政策作用。

4. 关于住房保障体系构建中的金融支持

James(2003)分析了美国住房保障体系构建中的资金供给模式,在此基础上,归纳了保障房体系构建的资金筹措渠道。Li(2006)分析了公私合营(Public - Private Partnership,PPP)模式在公共住房体系建设中应用的可能性与可行性。Bult 和 Dewulf(2006)研究认为,土地规划、财政和金融激励政策工具的使用是 PPP 模式在保障房建设中充分发挥作用的保障。Peppercorn 和 Taffin(2009)提出政府可以通过财政拨款、银行信贷和资本市场融资等方式筹措保障房建设资金,运用资产证券化等方式提升保障房融资产品的流动性。

(二)国内文献综述

计划经济时期,我国城镇居民住房采用实物配给模式。改革开放以后,住房配置模式逐步转变为市场化配置模式。正是在这一背景下,低收入群体的住房问题才逐渐引起人们的重视。2007 年党的"十七大"以后,我国住房保障体系构建问题得到前所未有的关注,2011 年政府开始大规模建设保障性住房。国内关于保障房的研究主要集中在三个方面:

1. 关于住房保障体系的构建

成思危(1999)认为政府应当积极参与住房市场,为中低收入阶层提供多层次住房保障。中国社科院"中国城镇住房公共政策选择研究"课题组(2001)在对世界各国政府住房政策进行梳理后认为,各国的住房市场可区分为完全自发的市场均衡、政府间接调控下的住房市场均衡、以市场自运行为基础的政府管制、以政府干预市场为基础的政府直接管制和完全政府管制五种类型,自前至后,市场色彩愈淡,政府色彩愈浓;政府干预住房市场的程度影响住房市场效率,他们通过分析得出政府间接调控下的住房市场均衡富有效率的结论。国家发展和改革委员会课题组(2008)分析提出,我国城镇住房保障体系的构建可以兼用救助与优惠政策,不同政策适用于不同主体。陈劲松(2006)、刘海燕(2009)等分别对保障房体系构建中的住房市场稳定性、住房需求层次与居民收入层次结构等问题进行了考察。石亚东(2014)在借鉴发达国家住房保障方面相关经验的基础上,提出了完善我国住房保障体系的总体思想、配套改革措施及具体政策建议。盛光华(2015)、汤立(2015)、吴迪(2015)分析指出我国保障性住房建设应从我国国情出发,将着力点放在完善法律法规体系、构建政策性金融体系、建立科学有效的运行管理机制和制定合理的货币补贴制度上。

2. 关于保障房的供给形式

印坤华(1999)和胡彬(2002)分别分析了经济适用房政策在执行中存在的问题,指出经济适用房属于保障住房的过渡形式,国家住房保障体系构建应以廉租房为主体。曾永光(2009)认为,我国现行的住房保障安排使得城市中存在"夹心层",既无力购买住房,又不能享受住房保障,关注"夹心层"的具体做法是积极发展公租房。卢有杰(2004)等通过分析认为采用"人头补贴"的救济方式有助于市场化背景下住房体系构建效率的发挥。武剑(2009)等考察与分析了我国廉租房制度实施情况,他认为,应积极发展住房租赁市场,通过市场化机制推进住房保障制度的实现。任凤辉和于立君(2015)认为目前我国住房保障的主流供给模式是以廉租房为主、公租房为辅的实物配租模式,租赁补贴属于辅助的住房保障手段,这两条途径都取得了显著的保障效果,但各有利弊。方蔚琼(2015)、娄文龙(2016)针对当前农民工住房保障覆盖面狭小的现实问题,认为应该完善农民工的住房保障体系。通过增加公租房、廉租房、两限房等公共住房的供给,将农民工纳入住房保障体系中。

3. 关于住房保障体系构建中的金融支持研究

李扬等(2008)比较了各国住房保障制度,指出住房保障体系构建中金融支持的重要性,提出我国政策性住房金融体系构建应以住房公积金制度为基础,住房保障资金供给渠道应呈现多元化、多层次的特征。周京奎(2010)、陈杰(2010)分析指出具有福利性特征的保障房建设通过金融市场融资存在困难。巴曙松(2006、2010)认为以政府的政策支持为基础,广泛动员社会资金投入,多渠道筹集资金是加快建设公租房的关键环节。樊建伟(2011)、孙娜(2011)、韩林(2011)分别探讨了房地产信托投资基金(REITs)、建设—运营—移交(BOT)、资产证券化(ABS)在廉租房与公租房建设融资中的运用。任小霞(2015)、王家华(2016)、徐瑞(2016)等认为对保障性住房项目而言,在充分利用国家在该领域上的政策优势之外,还要积极通过多样化的市场融资模式,将民间资本引入保障性住房建设项目。谭禹(2015)认为政策性住房金融能够使财政资金与市场化资金形成合力,这是吸引社会资本进入保障性住房建设领域的有效路径之一。万其龙(2016)认为应不断创新融资方式,如利用住房抵押贷款支持证券(MBS)、房地产投资信托(REITs)、房地产基金、逆抵押贷款(RAM)等方式,最大化地发挥市场的作用,利用资本市场筹集建设资金并分散金融风险,吸引社会资本参与保障房建设。范晨光(2016)通过对现有融资模式建设—运营—移交(BOT)和房地产投资信托(REITs)的整合,在社会资本有利可图的前提下,探索多方共同筹集资金的新融资模式。

二、国内外文献评述

通过对国内外学者丰富研究成果的梳理不难发现,国内与国外的研究有着共同的关注领域,主要体现在对于保障房体系的构建模式及其效率评价、保障房体系构建中融资模式的选择与配合等。但两者存在的差异也十分显著,主要表现在以下两个方面:

1. 研究焦点不同

国外研究更加关注住房保障效率,国内研究更加关注保障房建设中的融资问题。产生这种差异的原因在于西方的城镇化已历经上百年的时间,而我国的城镇化起步晚,且发展速度快,因此我国学者更加关注如何筹措资金确保在短期内提供较为充足的保障性住房问题。

2. 金融支持研究的视角维度差异

国外学者在研究住房保障体系构建的金融支持问题时,遵循供给模式与配置模式相结合的二维视角;国内学者在研究这一问题时,则主要考虑保障供给这一视角维度,对配置模式与金融支持间的关系关注不足。

随着保障房建设的快速推进,关于我国住房保障体系构建及其金融支持的研究也需要随之深化:

1. 借鉴国外学者的研究成果,拓展研究视角维度。中国的快速城镇化是中国"经济奇迹"的结果,也是造就中国"经济奇迹"的重要动因。快速的城镇化需要城镇住房的快速跟进,因此,自20世纪80年代以来,我国的城镇住房供给问题一直是政府、业界与学界关注的焦点。在住房保障体系的构建过程中,也同样更多关注供给问题。分析问题视角维度的单一化,使得问题分析的系统性与全面性受到制约。随着我国城镇住房实践的深化,关于保障房问题的研究必须要更多关注配置模式问题,因为配置模式直接关系着保障房的配置效率与社会公平,同时也关系着保障房金融负荷在各主体之间的分配和金融风险的发生概率。

2. 将城镇住房作为一个整体,深化市场化住房与保障性住房之间的联动关系研究。1998年国务院发布的《关于进一步深化住房制度改革,加快住房建设的通知》,全面开启了我国住房分配货币化,且住房分配主要由市场完成。从此,我国的城镇住房供给体制迈入了市场配置为主、住房保障为辅的双轨制阶段。但我们必须看到,市场化住房与保障性住房之间存在紧密的联动关系,如市场化住房价格决定着多大比例的人群有能力通过市场解决住房问题,进而间接决定了保障性住房的需求量;市场化住房的供求关系,决定着能否考虑利用市场性房源来解决保障性房源的不足问题;市场化住房与保障性住房之间是否存在相互替代、相互挤占关系,挤占效应如何,等等。这些问题的明晰都需要开展深入的研究。

3. 深化对各地地情研究,以便提出符合当地情况的保障房体系构建及其金融支持方案。中国是一个幅员广阔、人口众多的国家,东、中、西部情况差异巨大,就住房保障而言,一、二、三线城市情况迥异,因此深化对各地地情的深入研究,有利于提出符合各地情况的解决方案。

4. 以保障房融资的基本渠道为基础,深入探讨保障房金融的创新渠道及其适用领域。近年来,我国的保障房建设推进速度在全世界前所未有,由此在短时期内形成了集中性的金融负荷,选择融资主渠道是保障房建设顺利推进的基本保障。创新性地运用其他金融模式,有利于保障房融资的多路径解决,同时也可以通过这种方式重新规划各主体的融资负荷。

5. 以融资负荷存量为基础,前瞻性地预测融资负荷增量,合理评估保障房金融风险并提出化解方案。中国的保障房建设推进速度快,融资负荷在短期内聚集,且这一过程尚处于进行过程之中,梳理融资负荷现实存量,科学预测融资负荷增量,提出化解风险的方案十分重要。目前,对保障房融资风险的讨论较多,但深入的理论探讨不足。

本书基于保障房来源与配置双重视角,将城镇住房市场视作一个整体,充分考虑市场化住房与保障性住房之间的联动关系,分析中国保障房体系的优化及其构建中的融资与风险控制问题。

第三节　研究架构与方法

一、研究的逻辑构架与内容安排

(一)逻辑构架

本课题从保障房体系优化的一般分析入手,在对我国保障房来源结构与配置模式进行系统分析的基础上,动态研究我国保障房体系的优化、金融支持与风险控制问题,并据此提出相关政策建议。逻辑框架如下:

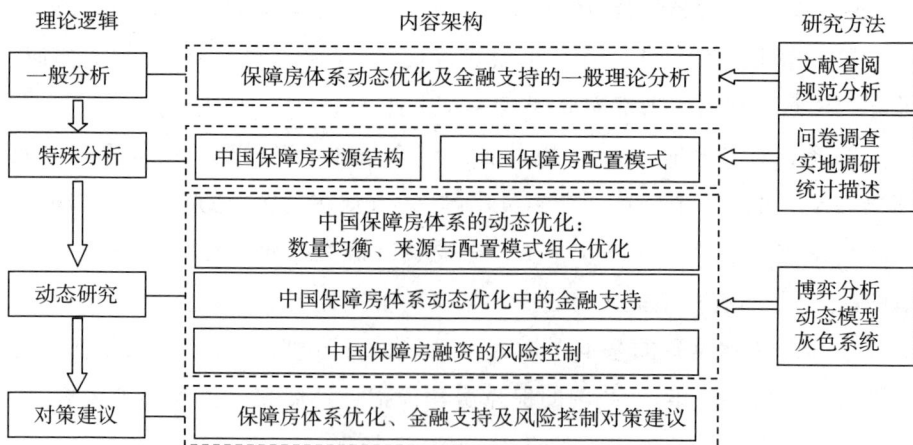

理论逻辑	内容架构	研究方法
一般分析	保障房体系动态优化及金融支持的一般理论分析	文献查阅 规范分析
特殊分析	中国保障房来源结构　中国保障房配置模式	问卷调查 实地调研 统计描述
动态研究	中国保障房体系的动态优化: 数量均衡、来源与配置模式组合优化 / 中国保障房体系动态优化中的金融支持 / 中国保障房融资的风险控制	博弈分析 动态模型 灰色系统
对策建议	保障房体系优化、金融支持及风险控制对策建议	

（二）内容安排

本书共包括十三章，章节安排及各章内容如下：

第一章　绪论。阐述了研究背景及理论与实践价值，梳理了国内外相关文献，介绍了研究的逻辑构架、内容安排与研究方法，并总结了可能的创新与不足。

第二章　中国住房政策的历史变革及保障房运行机制的一般分析。梳理了我国住房政策的历史变革，描述了我国保障房建设现状，并对我国保障房运行机制进行了一般分析。

第三章　中国城镇住房供求状况及均衡分析。分析了我国城镇住房的需求总量，继而分析了城镇住房的供求均衡状况。

第四章　中国保障房供给数量优化。基于可支付视角对我国保障房合理供给量进行了测算，估算了我国保障房供给缺口。

第五章　中国保障房供配模式优化。明晰了中国保障房供配模式优化目标，探讨了中国保障房供给模式与配置模式优化的必要性、可行性及路径选择。

第六章　政府主导下中国保障性住房运行可能存在的资金困境。运用博弈论分析了中国保障房体系构建中的央地互动及政府主导下保障房运行可能存在的资金困境。

第七章　国外住房保障金融情况及其借鉴。介绍并分析了美、日等国保障房融资情况，在此基础上总结了国外保障房融资的借鉴意义。

第八章　国内典型城市保障性住房融资实践及其启示。分析了上海、重庆和黄石市保障房建设及其融资情况，总结了三个城市保障房建设与融资实践的启示价值。

第九章　中国住房保障融资的基本路径及其创新。分析了中国住房保障融资的基本路径和融资拓展的基本思路，列示了主要的住房保障融资创新模式，并分析了融资创新需要遵循的基本思路。

第十章至第十二章　先后分析了我国公共租赁住房、棚户区改造及商品类保障房建设与融资状况，分别以 REITs、BOT、ABS 与 PPP 模式为例说明了创新型融资模式在廉租房、公租房、棚户区改造及商品类保障房建设中的运用。

第十三章　中国住房保障融资风险及其控制。分析了中国住房保障融资风险及其传导机制,测度了不同配置模式下中国住房保障融资风险,提出了中国住房保障融资风险控制建议。

二、研究方法

研究过程中主要运用了文献梳理、比较分析、博弈分析、灰色系统理论分析与动态优化等方法。

1. 文献梳理法。通过文献梳理为研究提供坚实的理论基础,主要运用于一般分析。

2. 比较分析法。通过国外住房保障金融情况的介绍与比较,对我国的实践提供借鉴作用;通过对国内典型城市保障性住房融资实践的介绍与分析,试图寻求具有一般意义的启示。

3. 博弈理论分析法。通过央地博弈分析,试图解释住房保障金融供给不足的部分原因;在配置模式选择研究部分也蕴含着对多主体利益诉求的博弈分析。

4. 灰色系统理论分析法。灰色系统决策理论的优势是可以在"小样本""贫信息"的情况下加以使用,应用于金融支持路径选择研究部分。

5. 动态优化分析方法。主要运用于动态研究部分,包括供给与配置模式的动态优化及风险配置的动态优化。

第四节　可能的创新与不足

一、可能的创新

(一)充分重视基础理论在住房保障领域中的运用

在理论分析方面,本书运用公共经济及金融效率等理论系统分析了住房保障金融支持不足的成因及不同情景下住房保障金融支持的路径选择。这是将基础理论运用于住房保障研究领域的积极尝试。

　　(二)基于整体层面及供配双重视角展开对住房保障体系动态优化的研究

　　1.基于城镇住房整体层面研究保障房合理供给数量,充分重视住房市场与住房保障之间的联动与替代关系。很长一段时间以来,国内理论界对于保障房合理供给数量的研究主要基于对保障房需求的研究,未能将城镇住房看作一个整体,充分考虑市场化住房与保障性住房之间的联动与替代关系。本课题将保障房看作城镇住房的一部分,在分析城镇住房供求总体情况的基础上,讨论住房保障体系优化问题。从城镇住房全局出发,有利于厘清影响住房保障范围及影响住房保障需求的主要因素,从而制定合理的政策,调控城镇市场化住房与保障性住房的结构。

　　2.基于供配双重视角展开对住房保障体系动态优化及其金融支持的研究。报告结合保障房来源和配置两个方面设计住房保障体系的优化路径;同时,也是基于供配双重视角,分析了住房保障融资的风险形成机理,构建住房保障金融风险控制体系。

　　(三)尝试构建与使用新的模型,推进变量选择的合理性

　　1.报告运用多阶段互动博弈模型研究了保障房融资中的政府内在行为动机,以往的研究大多是采用统计方法描述金融支持不足的状态,缺少对内在机理的分析;报告还采用灰色多目标模型分析了不同情景下住房保障金融支持的路径选择问题,这也是一个积极的尝试。

　　2.报告将量化的城镇人口变动因素及收入结构因素纳入保障房需求预测分析。将量化的城镇人口变动因素纳入保障房需求预测分析,保证了动态分析的合理性;以往对住房保障的实证研究大多基于对收入总量的分析,将收入结构因素纳入保障房需求预测分析,无疑是一种更加合理的尝试。

　　二、存在的不足

　　1.课题在研究过程中,虽然重视了我国住房保障体系动态优化及其金融支持的地域性差异,但未能实现地域差异的聚类分析。中国是一个幅员辽阔的国家,不同地域的经济发展、人口流动与金融资源状况迥异,对地域差异进行聚类分析,有利于提出更加富有针对性的对策建议。但由于数据的可获得性等因素的制约,课题组未能实现地域差异的聚类分析。

2. 部分数据的测算有待更加严密。如在测度住房保障融资风险时，由于无法获得详细的保障房资金投入数据，因而在测算过程中增加了一系列假设，这也会导致测度结果存在一定偏差。

当然，除以上所列示的两方面不足，课题研究可能还存在其他不足之处，课题组成员将会在后续研究中关注这些问题。

第二章　中国住房政策的 历史变革及保障房 运行机制的一般分析

　　虽然我国保障房建设提出的时间不长,但保障房实践自中华人民共和国成立以后一直存在并逐步发展完善。保障房供配模式受到经济转型及经济社会发展水平等诸多因素的影响,同时不同的保障房发展模式需要不同的金融支持方式与支持水平。研究保障房金融支持问题,首先要对我国住房政策的历史沿革及现行的保障房运行机制进行梳理与剖析。

第一节　中国住房政策的历史沿革

　　中国住房政策的变迁始终遵循"公平与效率兼顾"这条主线,随着经济社会的发展,我国的住房保障已经从单一模式逐步发展为全功能、多层次的复合模式。

一、中国住房保障体系构建的理论基础

　　构建住房保障体系是一个系统工程。住房保障体系的构建不但是一个经济问题,而且也是一个社会问题,它与一个国家经济发展水平息息相关,同时还受社会制度与历史文化背景等诸多因素影响。保障房体系的构建及其高效运行需要科学理论的指导。学术界对保障房问题进行了多角度的考察,形成了一批富有代表性的理论与观点,构成了保障房体系构建的理论基础。

（一）马克思关于住房是第一需求的理论

中华人民共和国成立初期，我国以马克思主义为指导，学习苏联构建了计划经济的基本经济制度。在这一时期，我国的城镇居民住房实行福利分房制度，马克思关于住房是人的第一需求理论是福利分房制度安排的理论基础。

马克思认为住房是人们生活的基本保障，国家要通过收入分配与收入再分配等方式满足人们对住房的基本需求。住房需求的满足程度直接关系着人民的生活质量。马克思认为，在市场经济条件下，资本家榨取尽可能多的剩余价值的一个重要手段就是提高资本有机构成，因而他们会生产更多的商品化住宅，商品房成为资本家获取剩余价值的载体。在此过程中，资本家为降低生产成本，会减少对工人的雇佣，工资支出总量减少，进而导致住房供求出现非均衡状态，造成住房过剩。同时，资本家阶层与工人阶层存在巨大的收入水平差异，致使两个阶层的住房条件也存在巨大差异，在居住区划中产生社会集群分割。以马克思的分析为基础，恩格斯提出在社会主义国家利用公有住宅方式解决住房问题，"在国有土地上建筑大厦，作为公民公社的公共住宅。公民公社将从事工业生产和农业生产，将结合城市和乡村生活方式的优点而避免二者的偏颇和缺点"①。

（二）马斯洛的需求层次理论

改革开放后，我国居民收入逐步分化，收入差异的扩大在住房领域表现为不同收入层级的居民对住房产生了不同水平的需求。美国著名心理学家亚伯拉罕·马斯洛（A·Maslow）将人的需求分为生理需要、安全需要、爱的需要、尊重需要和实现自我的需要五个层次，五个层次由低及高，成为人们行为的动机基础。马斯洛认为，在条件许可的条件下，社会应尽可能满足人们的各层次需求，这样可以有效提高社会效益。在需求五个层次中，生理需求最基本、最原始，人们对住所的需求是生理需要的一部分。生理需要的满足是对人们生存的基本保障；当然，随着收入水平的提高，人们对住所需求的层次不再单纯停留在生理需要，它还会同时体现为安全需要，甚至通过良

---

① 中共中央马克思恩格斯著作编译局：《马克思恩格斯列宁斯大林论政治和政治制度》. 北京：群众出版社，1984.

好的居住条件获得社会尊重。因此不同的收入阶层对住宅的需求存在差异化特征,住宅供给应当与需求相适应。对于高收入阶层的住房需求,可以通过市场机制予以解决,中低收入阶层的住房需求需要政府干预,通过住房保障体系的构建,保证其具有获得住房(或居住权)的支付能力。

(三)新古典经济学关于市场失灵的理论

社会主义市场经济的发展,使得我国的住宅供给逐步进入产业化阶段。保障房作为住房供给的有机组成部分,为中低收入阶层居民的住房梦提供了路径。住房市场具有一定的垄断特征,市场失灵现象必然在住房市场中时有所体现,因此政府对住房市场进行干预是必要的。保障房建设与供应也是为了解决住房市场失灵采取的合理干预方式,因为完全依赖市场机制自由发挥作用,低收入阶层的基本住房需求就难以得到满足,然而,住房作为人们生活的必需品,必须得到基本保障。在市场机制作用下,住房不仅具有居住功能,同时还具有投资(投机)功能,当住房被当作投资(投机)时,往往人为地加大了住房的市场需求,进而导致住房价格的攀升,使得中低收入阶层的合理住房需求更加难以得到满足。

因此,政府必须介入住房市场,对其进行合理的干预,特别是要关注中低收入阶层住房问题的解决。同时,政府也要关注对商品化住房市场的调控,因为住房价格与人们的收入比,直接决定着有多大比例的人口有能力通过市场机制解决住房问题,进而影响保障性住房所涉及的人口比例。总体来说,房价越低,则通过市场机制自行解决住房问题的人口比例就越高,住房保障体系所涉的人口比例就越低。中国自住房建设产业化以来,房价上涨较快,致使相当比例的城镇人口(特别是新城市人)基本居住需求难以得到满足,这种情况如果呈现持续状态,必将影响人口的合理流动,影响我国的城镇化进程,影响经济的健康增长与小康社会的全面实现。正是在这一时代背景下,中国政府审时度势,及时合理地提出了加快保障性住房建设,这一举措既是政府作为"看得见的手"在发挥作用,同时也是一项深得民心的民生工程。

(四)弹性理论与过滤理论

按照人们购买(消费)住房目的的不同,住房可简单地分为自住性住房与投资性住房。对于不同收入阶层的家庭而言,自住性住房往往也发挥着不同的功能,对于低收入群体而言,自住性住房就如同食物,是对正常生活的基本保障,住房仅发挥着基本的居住功能;对高收入阶层而言,自住性住房除发挥居住功能外,还是舒适生活的一个重要组成部分,是社会地位与经济地位的体现形式。正是由于这种差别的存在,使得不同收入阶层家庭的住房收入弹性与住房价格弹性存在差异。低收入阶层家庭的住房作为生活的必需品,其收入弹性低,大多数学者的研究证实,他们的住房收入弹性小于1;高收入阶层家庭的住房往往由于不止一套,自住与投资或难以区分,对于投资性住房而言,房价上涨时期,历史性的房价上涨往往会强化人们对未来房价上涨的预期,在"买涨不买跌"的惯性思维作用下,他们会加大对住房的投资,从而使得该部分住房的价格弹性常常处于大于1的状态。根据以上分析,可以得出如下结论,住房市场是一个分层市场,处于不同层级的家庭,住房问题的解决应当采取不同的模式,高收入家庭住房问题的解决可以依赖市场机制,低收入阶层住房问题的解决则应由政府组织构建相应的住房保障体系。

由于住房市场存在级次化特征,高收入阶层家庭不断产生的改善性住房需求,使得他们不断退出房龄较长、面积较小或功能存在一定缺陷的房屋,这些房屋就成为市场"二手房"的重要来源,这些房屋就成为收入相对较低家庭的住房来源,这就是住房市场的"过滤"现象。过滤理论告诉我们,解决保障性住房的来源不必一味强调建设,住房的层级转移亦是一条可靠的路径。

(五)福利经济学关于社会保障的理论

福利经济学认为,政府政策制定的主旨应当是推进社会福利的最大化,一国政府应当通过政策调控最大限度地提升人民生活质量,为居民提供基本的居住条件,乃至让人民拥有"体面的居住条件",这是一国政府的责任所在。政府在构建本国住房保障体系的过程中,应当针对不同层级收入的居民,采用不同的形式满足他们的住房需求。保障房体系是社会保障体系的有机组成部分,为满足中低收入阶层居民基本居住需求而构建。保障性住房的供给,可以采用按照一定的建造标准新建住房、政府无偿供给土地建造限价房或对中低收入住户采用租金补贴等多种形式实现。具体采用何种形式或采取怎样的多形式组合,需要结合现实情况科学安排。住房保障体系的构建是政府对住房市场进行调控的产物,它的存在并不遵循单纯的市场规律,它是政府对市场积极干预的结果,是住房市场中的"特殊"组成部分,往往兼具社会保障与市场双重属性,是住房市场与社会保障的有机结合(见图2-1)。

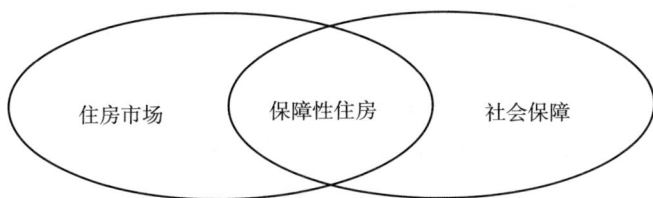

图 2-1　保障性住房是住房市场与社会保障的有机结合

(六)制度经济学关于外部收益的理论

制度经济学认为:现代经济具有复杂的演进特征,制度与规则是决定经济发展效率的关键因素。制度是否需要变迁,取决于制度的成本收益比较,当一项制度有了新的设计思路,同时这种变迁可以实现变迁收益大于变迁成本时,制度变迁便会实现;反之,制度变迁就不会发生。由制度变迁带来的净收益,学界称之为外部收益,正如前面所说的那样,外部收益为正,制度创新实现;外部收益为负,除非存在外部强制力量,否则就不会发生制度创新。中国的住房保障体系从实物分房的福利模式演变至现行的复合保障模式的过程中,政府的强力推动发挥着重要作用,从这种制度变迁的现实结果来看,它不仅提升了住房保障水平,同时也促进了房地产产业的快速发展,因此这种制度变迁带来的收益是巨大的。由于制度变迁的外部收益具有预期特征,因此,即便是这些被后来结果证实具有正的外部收益的制度变迁,在变迁之初由于人们对其缺乏清晰的共同认识,往往需要依赖政府力量的推动。

二、中国住房政策与实践的历史沿革

一个国家的主流意识形态对经济政策的制定发挥着决定性的影响,其原因在于主流意识形态决定着一国对主流经济理论的选择。改革开放以前,我国选择了计划经济体制,在这个历史时期,大力发展公有制经济并约束私有经济的发展成为政策制定的主导思想,具体到住房保障领域,那就是采取实物分房模式,城镇居民通过实物方式取得公有住房的居住权。改革开放后,我国从计划经济过渡至有商品的计划经济、有计划的商品经济、商品经济,并发展至现行的社会主义市场经济,在这个发展的过程中,住房保障的设计思路也相应改变并逐步完善。总的思路是,将中高收入人群的住房问题交给市场,政府只干预(参与)低收入人群的住房问题。中华人民共和国成立后,我国住房政策及实践的历史沿革大致可分为四个阶段。

(一)城镇居民住房的实物分配阶段(1949—1978年)

1949年中华人民共和国成立,中国学习苏联建立了计划经济体制,在计划经济的制度背景下,生产与分配决策由政府主导,反映在城镇住房领域,就是国家主导住房建设。届时,农村土地归集体所有,城镇土地归国家所有,农民的住房由集体提供宅基地,自筹资金建设;城镇居民住房由国家供给土地,按规划由政府拨款建设。在具体的建设与分配过程中,政府部门与企事业单位作为建设与分配执行主体,职工(城镇居民)获得的住房本质为公有租赁住房,租金水平很低。这种制度安排具有极强的福利性与保障性特征,但其缺点同样明显,那就是建房资金来源单一,住房建设速度慢,难以保障居民的居住需求。因此,为了推进住房建设速度,国家出台了一系列鼓励职工自筹资金建设住房的政策,这些政策的实施对于缓解住房紧张压力发挥了一定的作用,但由于当时的生产力发展水平低下,职工(城镇居民)的储蓄水平低,住房供求失衡问题依然严重。

(二)住房商品化推进阶段(1978—1997年)

1978年,党的十一届三中全会作出了实行改革开放的重大决策。自此,商品经济思维逐步进入决策过程。为了缓解城镇住房建设无法满足人口增长需要的压力,同时也是为了进一步提高城镇居民的居住质量,需要多方动员社会资源参与住房建设,商品化思维被引入住房决策领域。1980年4月,邓小平明确指出,住房改革要走商品化的路子。随后,我国的住房商品化改革正式拉开帷幕。要顺利地推进住房商品化改革,关键在于解决好两大主要问题:一是商品住宅的供给问题;二是在住宅商品化背景下低收入群体的住房保障问题。要解决好商品住宅的供给问题,解决其中的土地供应及资金来源问题是关键。为此,在1988年全国人大通过的宪法修正案中,明确了土地使用权可依法有偿转让;同时,国家通过多路径拓展房地产信贷来源,包括组建住房储蓄银行、推进商业银行房地产信贷业务及个人住房抵押贷款业务的发展、建立住房公积金制度等。总体来说,这一时期住房保障问题并未得到充分重视,在此期间,也出台了一些住房救济政策,主要有1990年9月11日中华全国总工会印发的《解决城镇特别困难户住宅问题的若干意见》及1994年住建部、国务院房改领导小组、财政部联合发布的《城镇经济适用住房建设管理办法》等。当然这一时期,单位对职工的住房救济并未停止。

(三)市场化背景下我国住房保障体系初步确立阶段(1998—2007年)

1992年我国确立了社会主义市场经济这一基本经济制度,随着社会主义市场经济实践的深入,1998年7月3日国务院发布了《关于进一步深化住房制度改革,加快住房建设的通知》,全面开启了我国住房分配货币化,住房分配主要由市场完成;在住房保障领域,确立了以经济适用房为主、辅之以廉租房等多种形式的保障模式。2003年以后,房地产业发展迅速,并成为我国国民经济的支柱产业,成为促进我国经济增长的重要力量,同时地方政府对于土地出让收入的依赖程度逐步提升。在此背景下,住房价格受多种因素影响不断上涨,虽然政府也出台了一些调控措施,但未能有效遏制价格上涨势头。房价的上涨,又刺激了人们的投资(投机)动机,持房待售又进一步成为房价上涨的因素。在此背景下,政府组织建设经济适用房的动力下降,同时经济适用房政策在执行过程中产生的质量不佳及分配不公等问题,也使得其饱受质疑。在维持房地产市场健康发展的情况下,切实保障中低收入阶层合理的住房需求,呼吁制度的进一步优化——住房问题的合理解决需要政府更多的介入。

(四)市场化背景下我国住房保障体系完善阶段(2007年至今)

2007年8月7日,国务院印发《关于解决城市低收入家庭住房困难的若干意见》(国发〔2007〕24号),提出进一步建立健全城市廉租住房制度,改进和规范经济适用住房制度,逐步改善其他住房困难群体的居住条件。低收入群体的住房问题得到充分关注,同时对解决低收入群体住房问题的路径进行了更加科学的设计,提出了多元化、组合式的住房保障路径。为了该意见能够落到实处,随后政府出台了一系列执行方案,如2007年9月建设部发布的《廉租住房保障办法》(建设部令第162号)明确了廉租住房保障实行货币补贴与实物配租两种方式;2007年10月财政部发布的《廉租住房保障资金管理办法》(财综〔2007〕64号)明确了保障房资金的八大来源,主要有住房公积金的部分收益、土地出让部分收益、各级政府补助与预算资金及社会捐助资金;印发了新的《经济适用住房管理办法》(建住房〔2007〕258号),明确了经济适用房的适用范围、优惠与支持、准入与退出及监督管理等问题。在制度安排逐步完善的基础上,国家开始积极推进住房保障体系建设,特别是自"十二五"以来,保障房建设进入了一个历史新时期,整个"十二五"期间保障房开工建设总量超过 3600 万套。

第二节　中国保障房运行机制的一般分析

保障房运行机制是在一定的制度背景下形成的保障房运行机理及其外在表现。一般认为,保障房运行机制包括规划与供应、准入与退出、支持与保障、资金循环与运作四个子系统。四个子系统相互支持,共同构成一个有机整体。其中,准入与退出、支持与保障两个子系统是以保障房供求关系分析为基础的政策支持系统,由于后文中还要详细剖析,在该部分不作分析。本部分主要考察供给子系统与资金支持子系统。其中,规划与供应解决保障房来源问题,是保障房机制运行的基础;资金循环与运作决定着保障房的规模与可持续发展。

一、中国保障房供给系统的一般分析

商品经济与市场经济的发展,有效地动员了社会各方力量参与我国的住宅建设,在较短的时期内,实现了我国城镇居民居住质量的大幅度提升。但一个国家住房市场的发展完全依赖市场机制,是不可能健康发展的。政府必须积极参与(干预)住房市场,推进每个居民拥有"体面的居住条件",要做到这一点,一方面要对住房市场采取有效地宏观调控;另一方面,就是要积极构建住房保障体系,保障低收入群体居住权的实现。低收入群体居住权的实现既是社会公平正义的要求,同时也是全面实现小康社会的必然要求,从长期来看,它也有利于我国国民经济持续健康发展。

(一)多元复合型保障房供给体系的确立

中国幅员辽阔,各地的资源自然情况及经济发展状况差异较大,为了解低收入阶层的住房问题,各地政府进行了多形式的探索,给不同形式的保障房取了多样化的名称。不管名称如何,我国现行的保障性住房基本包括两限商品房(限面积限价格)、经济适用房、棚户区改造、公共租赁住房廉租房与公租房(2014 年前,公共租赁住房分为廉租房与公租房)四种形式。我国现行住房体系可用图 2-2 表示：

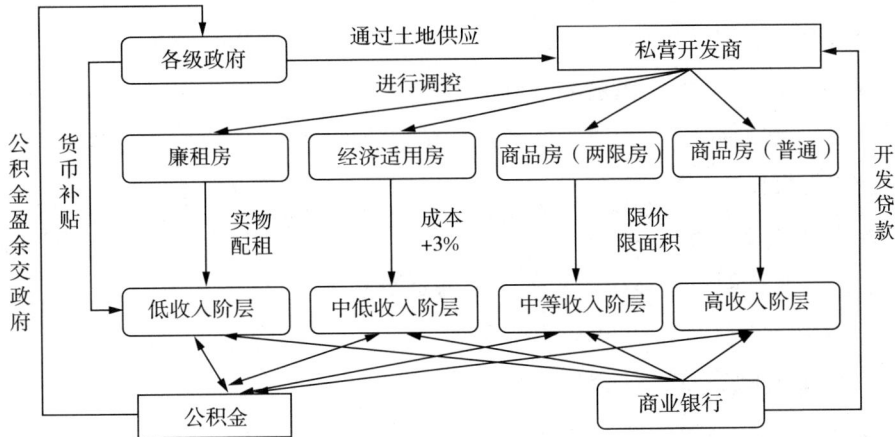

图 2-2　中国现行住房供应体系

资料来源：中国改革网

注：1. 图中仅包含了廉租房,而未列示公租房。可将图中廉租房理解为廉租房与公租房,2014 年后廉租房与公租房并轨,统称公共租赁住房。

2. 图中列示了经济适用房,2010 年后我国不再将经济适用房单列。实践中的经济适用房及两限房均可视为商品类保障房。

3. 图中未列示棚户区改造,在报告后文中将作具体阐述。

4. 图中的私营开发商泛指盈利主体,并非专指民营主体。

图 2-2 较为清晰地反映了我国现行住房供给体系,在上图所列的多种房源中,除商品房外,其他均属于保障房范畴。其中,公共租赁住房采用实物配租与租金补贴形式向低收入阶层提供,具体实施过程中政府实物配租的保障房,其来源是由政府采取无偿划拨或低廉出让的方式向私营房地产商提供土地,并在政府监督下由私营房地产商建设的住房(在实践操作中,后来公共租赁住房建设出现了多样化的创新,如由私营房地产商在开发商业房地产时采用配建模式);经济适用房的适用群体为中低收入阶层,建设过程中一般由政府无偿供给土地,开发商享有一定的税费减免,并以"保本微利"原则(通常是以成本为基础加成 3%)向符合条件居民销售的保障房;两限房是一种特殊的商品房,适用群体为中等收入阶层,它的产生背景是城镇居民中存在既无经济

适用房申请资格,又无普通商品房购买能力的"夹心层",由于其在建设过程中享受土地等政策优惠,因此其售价一般要求低于普通商品房的20%～30%。

通过以上描述,我们可以较为清晰地发现,目前我国已建立起较为完善的、适用于不同收入层级的城镇居民住房保障体系。这一体系当前已演进至以公共租赁住房为主,辅之以经济适用房、两限房与棚户区改造等多形式组合的复合模式,这与1998年至2007年住房保障主要依赖经济适用房的模式有着很大的差异。

(二)复合型供给体系确立的原因与运行状况

1. 复合型供给体系确立的原因

经济适用房的特点决定着它的供给不足,且其不能满足多层次的保障需求,这是住房保障模式变迁的一个基本原因。下面,我们以翔实的数据来说明1998—2007年经济适用房供给不足问题,为了反映2007年后的趋势变化,我们将数据延展至2009年。基于分析的目的,2010年以后的数据在该部分不必呈现;同时不呈现的原因还在于2010年后数据统计口径的变化,致使可比较数据难以获得。

该部分数据主要说明如下三个问题:一是经济适用房建设资金投入量虽然不断增加,但占住宅投资的比重却呈现下降趋势(详见图2-3);二是经济适用房工程建设积极性不高,开工增长率明显低于投资增长率(详见图2-4);三是经济适用房市场销售占比呈下降趋势(详见图2-5)。

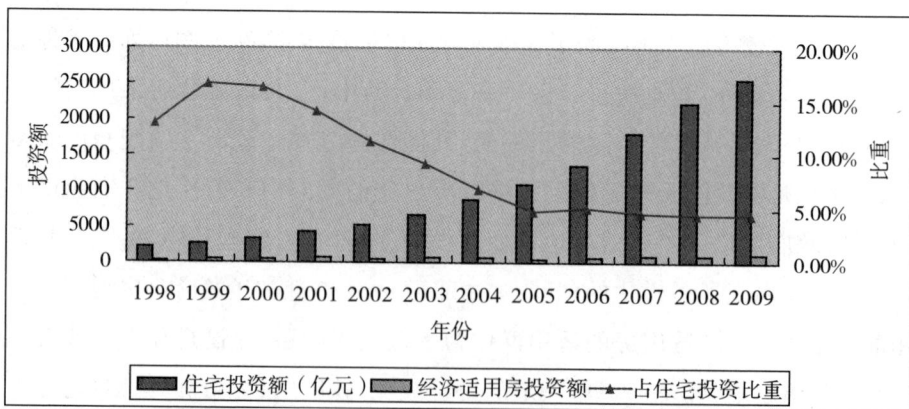

图2-3 1998年至2009年中国经适房投资额及其占比

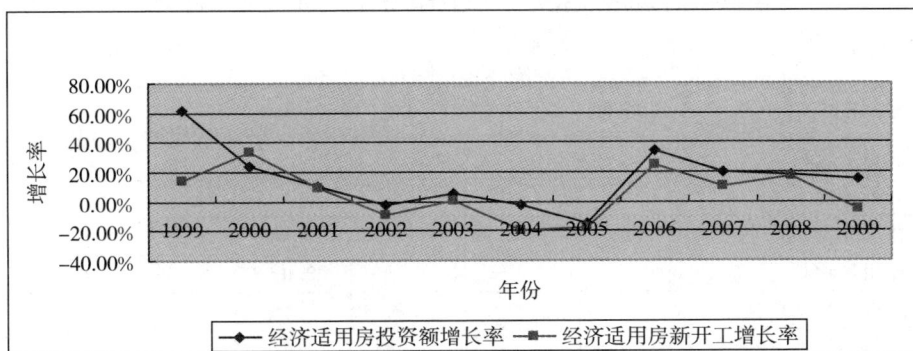

图 2-4　1999 年至 2009 年中国经适房投资额增长与新开工面积增长比较

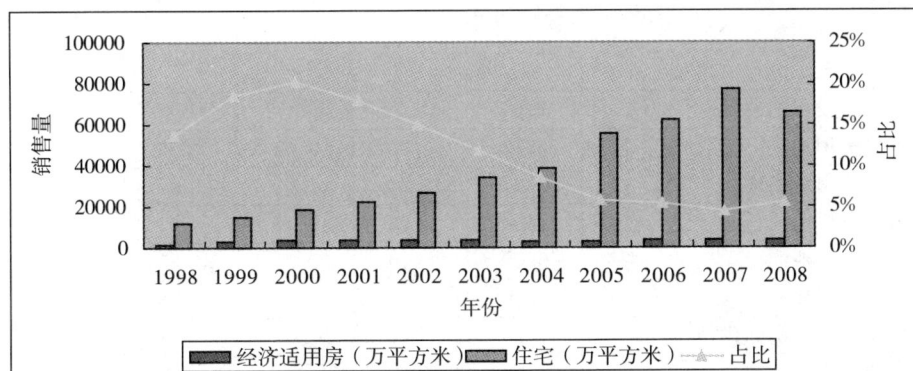

图 2-5　1998 年至 2009 年中国经适房销量及占比

　　以上三图清晰直观地反映了 1998 年以来经济适用房供给不足的状态，但导致 2007 年以后住房保障体系演变为现行状态的深层次原因还在于 2007 年前的模式难以满足多级次城镇居民多元化的保障需求。

　　2.复合型保障房供给体系运行状况

　　多元复合型保障房供给体系的确立，与中央政府高度关注民生工程紧密相关。在党中央的领导下，地方政府积极推进保障房建设。2011 年到 2014 年，全国各地开工建设保障性住房 3230 万套；到 2015 年底，全国合计开工建设保障性住房 3970 万套，超额完成 3600 万套目标任务的 10%。表 2-1 反映了 2009 年至 2013 年全国保障房土地供给计划及实际完成情况，表 2-2 反映了 2009 年至 2013 年全国保障房开工情况。

表 2-1　2009—2013 年全国保障房土地供给计划及实际完成情况

单位:万公顷

项目 ＼ 年份	2009 年	2010 年	2011 年	2012 年	2013 年
计划情况					
住房建设用地总量		18.47	21.80	15.93	15.08
廉租房用地		0.71	0.96	0.66	0.57
经济适用房用地		1.74	1.46	1.00	0.80
公租房用地		0.08	0.61	0.63	0.58
两限房用地		0.40	0.74	0.38	0.40
棚改房用地		3.66	3.97	2.10	1.81
保障房建设总计划供地量	0.00	6.59	7.74	4.76	4.15
占总住宅用地百分比		35.65%	35.52%	29.89%	27.56%
实际情况					
住房建设用地总量	7.64	12.54	13.59	11.49	
廉租房用地	0.12	0.35	0.81	0.59	
经济适用房用地	0.97	1.24	1.09	1.07	
公租房用地	0.00	0.02	0.45	0.49	
两限房用地	0.00	0.16	0.38	0.25	
棚改房用地	0.00	1.47	2.07	1.43	
保障房建设实际供地	1.10	3.24	4.81	3.83	
占住宅用地百分比	14.34%	25.86%	35.38%	33.29%	
住宅建设实际供地完成率情况		67.89%	62.34%	72.13%	
保障房实际供地完成情况		49.23%	62.10%	80.32%	

资料来源:根据 wind 数据整理

表 2-2　2009—2013 年全国保障性安居工程开工情况

年份	保障性安居工程建设计划 (单位:万套)	保障性安居工程实际执行 (单位:万套)	开工率
2009 年	387.00	333.00	86.05%
2010 年	580.00	590.00	101.72%
2011 年	1000.00	1043.00	104.30%
2012 年	700.00	781.00	111.57%
2013 年	630.00	666.00	105.71%

资料来源:根据 wind 数据整理。

通过以上数据不难看出,我国多元化复合型住房保障供给体系运行状况呈现良好状态。

二、中国保障房资金支持系统的一般分析

金融是现代经济的血液,在现代经济的发展过程中,金融支持状况决定着产业的资源配置,并最终决定着一个产业在一定时期的发展(之所以说是一定时期,原因在于一个产业的长期发展由社会需求决定)。保障房的发展同样离不开金融支持,但对保障房金融支持与完全商业性地进入运作具有显著不同的特点,这是因为住房保障体系属于社会保障体系的重要组成部分,保障房具有社会救济的特点,它是市场失灵的产物。因此,保障房的金融支持不能完全依赖市场机制发挥作用。在现行制度安排下,保障房金融支持的基本设计思路一定是依托商业机构力量,由政府或社会救助机构给予救济的支持模式。

不同形式的保障房其资金循环及其给政府带来的救济负荷存在很大的差异。经济适用房与两限房区别于一般商品房,政府对其的救济主要体现在土地供给价格为 0 或较低、给予一定的税费减免方面。但经济适用房与两限房依然具有一定的商品住房属性,因为这两类住房在建成后,以所有权转移方式出售给符合条件的城镇居民,资金的回流速度快。政府为此减少的是当期土地出让收益及一定的税费损失。廉租房可采用租金补贴与新建两种模式,租金补贴模式对于财政而言每年产生相应的财政补贴支出;新建廉租房,则在建设期需要大量资金投入,建成之后收取的租金可以维持保障房之后的运营(包括管理与维护)。由此可见,不同的住房保障模式对于政府而言产生的财政负荷及其在不同期间的负荷分配影响不同,政府在构建住房保障体系的过程中,应当审视财政对保障房建设的支持模式与财政负荷的匹配程度,将政府部门的杠杆率控制在合理的范围之内,保证住房保障体系构建与财政运行之间的协同发展。后面我们还将进一步分析,在不同的住房市场环境下,政府的选择亦会存在差异,如住房供不应求时,宜采用新建模式缓解住房紧张状况;而在住房供过于求时,则应充分利用市场现有房源。在房价高企,同时住房供过于求时,政府干预住房市场,一是要调控价格,让更大比例的人群有能力通过市场取得住房;二是要充分利用现有房

源,避免新建造成供求失衡状态的加剧;采用以上两方面做法的原因还在于,防止住房价格非理性上涨的积累最终导致泡沫破灭,给经济秩序带来巨大的负面影响。关于这些问题的进一步阐述,我们将在后面的章节展开。

本部分我们首先简要介绍一下当前我国住房保障体系构建中的金融支持渠道。《廉租住房保障资金管理办法》明确了廉租房保障资金的八个来源渠道:住房公积金增值收益扣除计提贷款风险准备金和管理费用后的全部余额;从土地出让净收益中按照不低于 10% 的比例安排用于廉租住房保障的资金;市县财政预算安排用于廉租住房保障的资金;省级财政预算安排的廉租住房保障补助资金;中央预算内投资中安排的补助资金;中央财政安排的廉租住房保障专项补助资金;社会捐赠的廉租住房保障资金;其他资金。

我们从《廉租住房保障资金管理办法》基本可以看出我国保障房金融支持的全貌,对于我国保障房金融支持总体而言,由保障资金及保障制度安排下动员的商业资金投入两个部分组成。其中保障性资金中,中央、省级及市县财政拨款是主渠道;土地出让净收益受到土地市场交易量及交易价格的影响,具有较大的波动性;公积金增值收益作为住房保障资金来源,在理论界还存在一定的争论,一些人认为,公积金增值收益应当归缴存人所有,且公积金增值收益受政策影响较大。2016 年 2 月,中国人民银行等三部门联合印发《关于完善职工住房公积金账户存款利率形成机制的通知》(银发〔2016〕43 号),决定自 2016 年 2 月 21 日起,住房公积金存款利率执行一年期定期存款基准利率,这将使得公积金增值收益大幅降低;目前,我国社会捐赠的住房保障资金及其他资金来源还很少。基于以上分析,我们不难得出这样的结论:住房保障体系的构建,需要政府投入大量的财政资金,并以财政支持等多种保障资金为基础,形成杠杆效应,最大程度地动员商业资金进入住房保障领域。

第三章 中国城镇住房供求状况及均衡分析

保障房是住房市场的有机组成部分,它满足中低收入家庭的居住需要,分析保障房的供给与需求,需要分析总的住房需求,然后融入居民(家庭)收入结构状况,以便测算保障房的需求状况,进而对照保障房供给状况,进行均衡分析。

第一节 中国城镇住房需求总量分析

一、何为住房需求

需求是指一定价格水平下,消费者有意愿且有能力购买的商品数量。有效需求的形成需要两个条件:一是消费意愿,二是购买能力。住房需求的形成当然也由这两方面构成。由于住房的单位价值量大,且其具有很长的使用周期,因此,在现实生活中,人们购买住房,可能出于自住的目的,亦有可能出于投资的目的。

由于保障房体系构建是政府对市场的干预与纠正,因此基于我们的分析目的,本部分所说的住房需求并不是市场经济条件下经济学意义上的住房需求,而是指"住房需要"。在后面对于住房需求测度的过程中,我们忽视购买能力因素,同时也不考虑住房的投资(投机)因素,只考虑随着城镇人口的增长,需要多少住房才能满足所有城镇居民(家庭)的居住需要。

基于上述界定,在此作如下说明:

1. 在对城镇住房需求进行测算的过程中,本着"居者有其屋"的理念,一个家庭需要一套住房。

2. 居民（家庭）产生的改善性居住需要，只是从小房子搬进大房子，从地理位置不满意的住所搬到地理位置满意的住所，从功能较差的住房搬进功能更优的住房，但在此过程中，原住房并未灭失，原住房依然可以提供给其他居民（家庭）用于居住，因此该变动并不会对住房产生新的需要。

3. 城镇动迁的过程，只要没有造成原房屋的灭失，同样不会产生对住房新的需要。

二、住房需求量测算方法选择

查阅相关文献，可以发现国内外诸多学者对住房需求进行了研究，在测度住房需求数量时，常用的测度方法有线性回归、非线性回归、线性递推、神经网络等。

很多学者在使用线性回归与非线性回归方法测度一国住房需求量时，往往用商品房销售量作为住房需求的替代变量，这时他们研究中的“住房需求”是市场经济条件下一般意义上的“住房需求”，即是指在既定价格条件下有意愿并具备市场购买能力的需求，显然这一概念界定并不符合我们的研究目的；同时，线性回归要求的因变量与自变量之间的线性关系，在分析住房需求时往往并不存在；而采用非线性回归方法需要以掌握大量观察数据为基础，然后利用数理统计方法建立因变量与自变量之间的回归关系函数表达式，而我们在测度住房需求时，往往以定期公布的宏观数据或行业数据为基础，无法获得使用非线性回归方法所需的大量观察数据。

神经网络方法可以解决非线性相关问题，在用于住房需求预测的过程中，以住房需求作为结果变量，也就是输出变量，而将相关影响因素作为输入变量，但它是以计算辅助技术为基础的学习模型，需要大量的数据输入，以便通过计算寻找到最优拟合规律，用于大样本训练的数据同样难以获得。

基于我们的研究并非分析市场化条件下的住房需求，而是要分析城镇人口的“住房需要”，因此相关学者对于市场化条件下“住房需求”的研究，我们只能借鉴，而不能照搬照套。测度城镇人口的“住房需要”，应以家庭为基本单位。当然，在深入研究时，还应将其他现实因素导致的住房需要纳入分析框架，如大中专毕业生毕业后在寻找工作乃至组建新家庭过程中会产生住房需要；离婚、分居等会导致1个原生家庭产生多于1套的住房需要等。

但在我们后续的分析中,忽略了这些因素,这是为了分析的简化。除了这些因素对分析结果影响不大外,还由于我们在数据获得的过程中已局部涵盖了以上因素的影响。例如,离婚虽然会导致 1 个原生家庭产生多于 1 套的住房需要,但随着离婚双方重新组建家庭,这种影响就会消失,所以影响只产生于原生家庭解体至新家庭产生的摩擦期;又如大中专毕业生从毕业至其组建家庭,如果他们没有离开其父母所在城市一般会采取回家居住的方式,如果离开了其父母所在城市,一般会采取合租形式解决过渡期的居住问题。由于我们在问卷调查过程中,采用"常住居民"而非"家庭成员"概念,已经在很大程度上消除了上述影响。

根据以上分析,我们在测度城镇住房需求(需要)时,并不采用回归或神经网络等方法,基本思路如下:首先预测城镇人口,通过调研了解每个家庭"常住居民"人数,进而得出城镇家庭数,按照 1 个家庭拥有 1 套住房的原则,所得到的家庭数即为城镇居民所需住房的总套数。在测算城镇人口时,我们运用 1998 年至 2013 年的城镇人口数据作为预测基础,采用灰色系统预测方法测算 2014 年至 2020 年的常住人口数量。

三、城镇人口变动趋势预测

城镇人口的数量变动受到人口基数、经济增长速度、经济转型及人们的观念变化等多种因素影响。由于其中的一些因素无法获得可读且可以测度的信息,因此对于城镇人口的预测不宜采用线性模型,在此情况下运用灰色系统测度方法进行预测具有很强的合理性。

(一)级比检验

建立城镇人口数量变动时间序列:

$$X^{(0)} = (x^{(0)}(1), x^{(0)}(2), x^{(0)}(3), \cdots, x^{(0)}(14))$$

$$= (45906, 48064, 50212, 52376, 54283, 56212, 58288, 60633, 62403,$$

$$64512, 66978, 69079, 71182, 73111)$$

求级比 $\lambda(k)$:

$$\lambda(k) = \frac{x^{(0)}(k-1)}{x^{(0)}(k)} (k = 2, 3, \cdots, 14)$$

$$= (\lambda(2), \lambda(3), \lambda(4), \cdots, \lambda(14))$$

$$= (0.9551, 0.9572, 0.9587, 0.9649, 0.9657, 0.9644, 0.9613,$$

$$0.9716, 0.9673, 0.9632, 0.9696, 0.9705, 0.9736)$$

所有级比 $\lambda(k)$ 均在 $(e^{-\frac{2}{n+1}}, e^{\frac{2}{n+2}}) = (0.875173, 1.133148)$ 范围内，数列 $X^{(0)}$ 可以作为 $GM(1,1)$ 的数据进行灰色预测。

(二)建模

运用 matlab 软件对 $X^{(0)}$ 序列进行一次累加，得到累加后的数列 $X^{(1)}$：

$$\begin{cases} x^{(1)}(1) = x^{(0)}(1) \\ x^{(1)}(i) = x^{(0)}(i) + x^{(0)}(i-1), i = 2, 3, 4, \cdots, 14 \end{cases}$$

求解上面的模型，可得：

$$y = 1239433 \, e^{(0.0356753 \cdot t)} - 1197822.0$$

还原模型值，对比情况如下：

表 3-1 $GM(1,1)$ 拟合值及误差

序号	年份	原始值	模型值	残差	残差百分比	级比偏差
1	1998 年	41608	41611	−3	0.00%	
2	1999 年	43748	45015.34	−1267.34	2.90%	0.01437
3	2000 年	45906	46650.26	−744.263	1.62%	0.012393
4	2001 年	48064	48344.57	−280.568	0.58%	0.010206
5	2002 年	50212	50100.41	111.5911	0.22%	0.008009
6	2003 年	52376	51920.02	455.9794	0.87%	0.006494
7	2004 年	54283	53805.72	477.2806	0.88%	8.35E−05
8	2005 年	56212	55759.91	452.0946	0.80%	−0.00076
9	2006 年	58288	57785.07	502.934	0.86%	0.000587
10	2007 年	60633	59883.78	749.2209	1.24%	0.003757
11	2008 年	62403	62058.72	344.284	0.55%	−0.00693
12	2009 年	64512	64312.65	199.3549	0.31%	−0.00244
13	2010 年	66978	66648.44	329.5647	0.49%	0.001832
14	2011 年	69079	69069.06	9.9403	0.01%	−0.0048
15	2012 年	71182	71577.6	−395.6	0.56%	−0.00571
16	2013 年	73111	74177.25	−1066.25	1.46%	−0.00898

观察表3-1可知,模型的残差百分比介于0.01%至2.90%之间,仅有4次高于1%;级比偏差均低于0.02,说明模型具有很好的拟合性,该模型可用于预测。采用该模型对我国2014—2020年城镇人口数量进行预测,结果如下:

表3-2　2014—2020年中国城镇人口(万人)

年份	2014 年	2015 年	2016 年	2017 年	2018 年	2019 年	2020 年
城镇人口数（万人）	76871.31	79663.23	82556.54	85554.93	88662.23	91882.38	95219.48

表3-3　2014—2020年中国城镇新增人口(万人)

年份	2014 年	2015 年	2016 年	2017 年	2018 年	2019 年	2020 年
新增城镇人口数	3760.31	2791.92	2893.31	2998.39	3107.3	3220.15	3337.1

根据模型预测,2020年我国城镇人口将达到95219.48万人。需要说明的是,中国的城镇化存在人口城镇化与户籍城镇化等不同的界定,但基于社会和谐的需要,我们研究中的城镇人口非户籍城镇化人口,而是长期居住、生活在城镇的人口。

四、城镇住房需求

以城镇人口预测为基础,由于我们的研究目标是"居者有其屋",一个家庭应当拥有一套住房,所以可以将城镇住房需求(需要)问题转化为城镇家庭数量问题。在已知城镇人口数量的情况下,测定城镇家庭数量关键在于对户均人口数进行测定。因为城镇人口数/户均人口数=城镇家庭数=城镇住房需要量。其中,户均人口数的考量标准为家庭常住人口而非家庭成员。

对户均人口数的测定,课题组采用了调研方式。考虑到调研便利,同时也是为了控制调研成本,选取合肥与蚌埠作为调研的目标城市。调研中,我们在当地街道的帮助下,采用联系后入户调研的方式进行。为了较为准确全面地掌握城镇家庭户均人口数,我们将小区分为老、中、新三类,建成年份15 年以上的界定为老类,5 年至 15 年的为中类,5 年以下的为新类。三类小区调研户数比为 1∶3∶1。每个城市调研 1000 个家庭,其中老类 200 户、中类 600 户、新类 200 户,这样的数量安排基本符合城市小区的居住户数比。

最终我们选择合肥与蚌埠的加权户均人口数作为代表性数字测算城镇住房需要量,作出这种选择的原因如下:安徽地处我国华东地区,幅员辽阔,人口众多,根据 2010 年的全国人口普查,其人口数居全国第八;同时安徽是我国保障房建设重点省份,近年来,承担的保障房建设任务在全国名列前茅,其中 2013 年居全国第二;合肥作为安徽省会,是安徽最大的城市,亦是安徽人口容量最大的城市,安徽省统计局发布的《2015 年安徽省 1‰人口抽样调查主要数据公报》显示,目前安徽省常住人口为 6143.6 万人,其中合肥常住人口为 779 万人,合肥市区常住人口近 500 万,在住房市场上,合肥具有一定的代表性,全国百城住宅价格排名中,合肥一般位列 45～55,处于中位水平,可以作为大型城市的代表;蚌埠市是全国住房改革试点城市,早在 1987年就成立了住房储蓄银行,蚌埠地处皖北,可以作为安徽省中等城市的代表。当然,在调研中未能涉及小城市及小城镇,应该说是一个遗憾,但由于我国的城镇人口大多居住于大中城市,所以影响不会很大。

$$户均人口数=\frac{(合肥户均人口数×合肥人口+蚌埠户均人口数×蚌埠人口)}{(合肥人口+蚌埠人口)}$$

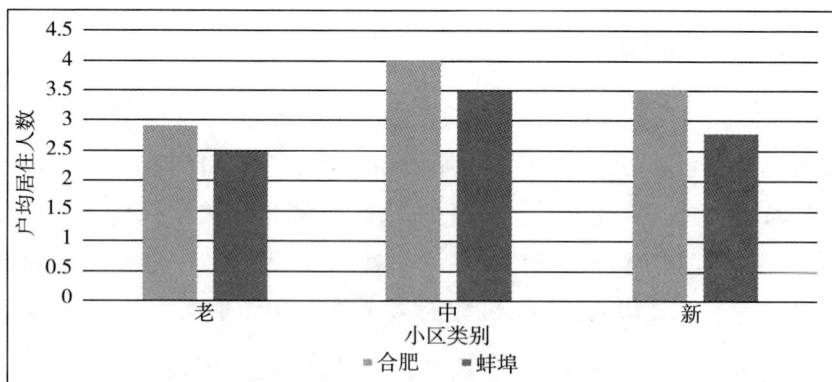

图 3-1　合肥、蚌埠户均居住人数情况

数据来源:实际调研

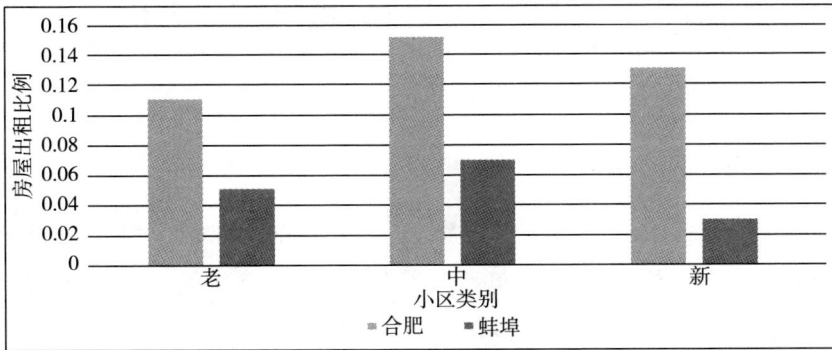

图 3 - 2　合肥、蚌埠房屋出租比例情况

数据来源:实际调研

根据调研情况及上面的计算公式,得到合肥与蚌埠的加权户均居住人口数量为 3.2,将此数值假定为城镇每套住房居住人口数。于是可以推算出各年城镇住房需要量。

表 3 - 4　2014—2020 年中国城镇住房需要量(万户)

年份	2014 年	2015 年	2016 年	2017 年	2018 年	2019 年	2020 年
城镇住房需要 (万户)	24022.28	24894.76	25798.92	26735.92	27706.95	28713.24	29756.09

测算表明,2014 年至 2020 年,我国城镇将新增人口 22108.48 万,需要新增住宅 6908.9 万套。调研发现了以下两个有趣的现象:一是合肥的户均居住人口数高于蚌埠,导致这一现象产生的原因可能有城市集聚效应、房价效应及大城市生活节奏加快而导致的"雇佣"效应等;二是合肥住房的租住比例高于蚌埠,且在两个城市均存在中类小区租住比例更高的现象,合肥住房租住比例高不难理解,导致中类小区租住比例高的原因可能在于租房者大多为年轻人,他们对居住条件有一定的要求,但又缺乏足够的支付能力,因此他们不愿意租住老类小区,但也无力支付新类小区的租金,同时他们大多采用合租模式。

第二节 我国城镇住房供求均衡分析

一、我国城镇住房供给情况

1998 年以后,随着我国住房商品化改革的推进,城镇住房建设进入发展快车道,住房供给快速增加。1998 年至 2007 年的 20 年间,我国新增住宅面积以年均高于 15% 的惊人速度增长,2007 年由美国次贷引发的全球性金融危机,对我国的房地产业也产生了很大的影响,2008 年我国城镇新增住宅面积增长率下降至 8%,但 2009 年中国推出的一系列稳增长政策,遏制了经济下滑势头,住宅供给重新步入快车道,2009 年城镇新增住宅增长率达到 26%,2010 年、2011 年依然维持快速增长趋势。

1998—2013各年新增住宅面积

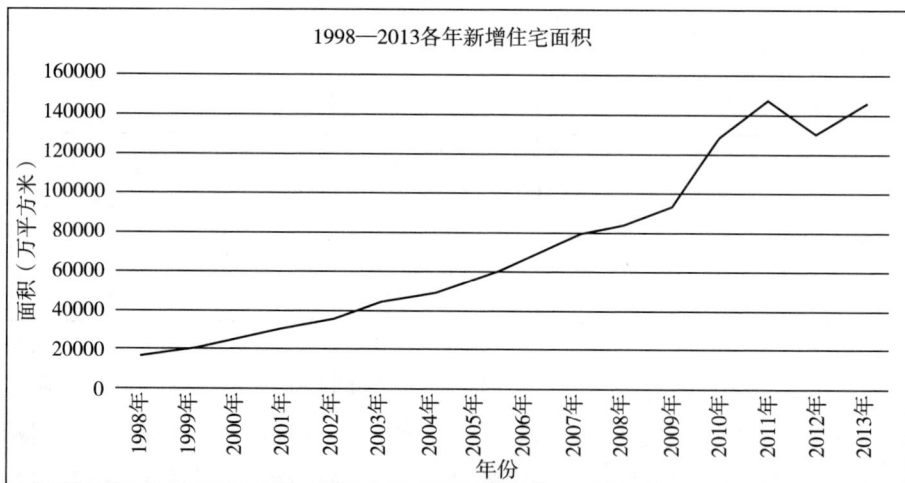

图 3-3 城镇新增住宅面积

数据来源:国家统计局

根据国家统计局数据整理计算可得,1998 年至 2013 年,我国共新建城镇住宅 114.5 亿平方米,按照户均 80 平方米计算,新增住宅套数约合 1.4 亿套。中国人民银行统计调查司相关数据表明,1997 年末,我国城镇住房存量约 1.2 亿套,合并计算,截至 2013 年我国城镇住房存量约为 2.6 亿套。考虑到城镇化过程中,拆迁可能引致部分住宅灭失,城镇住房存量可能小于估算数字,但由于无法找到相应的数据作为支撑,在分析中我们忽略了该因素的影响。

二、我国城镇住房供求的均衡分析

按照户均人口 3.2 人,2013 年我国城镇化人口 74177.25 万人计算,根据 1 个家庭 1 套房子的原则,2013 年我国城镇住房需要量约为 2.3 亿套,对比 2013 年我国城镇住房存量 2.6 亿套,不难看出,就总体情况而言,我国的城镇住房市场已经呈现供过于求的局面。住房供给已经达到户均 1.13 套的水平,城镇住房供给过剩总量约为 3000 万套。

根据前面的测算,2013 年至 2020 年,我国还将新增 2.2 亿的城镇人口,约需住宅 0.7 亿套。假定我国的住宅建设以略低于 1998 年至 2013 年的速度增长,1998 年至 2013 年新增住宅年均增速为 16.1%,如果 2013 年至 2020 年,新增住宅年均增速为 12%,则新增住宅面积将达到 164.8 万亿平方米,按照户均 80 平方米计算,约合 2.06 亿套,按照户均 90 平方米计算亦将达到 1.8 亿套。对比住房供求变化,结合 2013 年底的存量数字,不难看出,如果趋势不变,至 2020 年末,我国的城镇住宅总体会出现较为严重的供过于求的局面,过剩住房将超过一亿套。

当然这一数字不能简单去看,由于我国依然处于快速城镇化时期,人口迁徙尚在进行之中。虽然城镇住房总量呈现过剩状态,但并不表明每个城镇都存在住宅过剩。一些人口依然呈现净流入状态的城市,住宅可能仍然存在供不应求的现象;但一些人口呈现净流出状态的城市,住房供过于求的现象将难以修复,甚至会随着时间推移愈加严重。

第四章 中国保障房供给数量优化

虽然我国的城镇住房总体而言存在供过于求的问题,但是现实的情况是并非所有城镇居民的住房需求都得到了满足。一部分住房闲置,一部分居民正常的居住需求不能得到满足;一部分家庭无房可住,一部分家庭拥有两套以上的住房。这种现象的存在是住房市场化的结果,住房保障体系的构建就是要调节市场运行的自然结果,保障每个城镇居民合理的居住需求。也就是说,要根据现实情况,将城镇居民区分为不同群体,分类测算不同群体的住房需求,中低收入家庭的住房问题由住房保障体系提供,商品性住宅与保障性住房应当形成合理比例。

第一节 中国保障房合理供给量的测算

一、住房保障对象的界定

显然,住房保障体系建立的最终目标是为了让每一个居民享有"合理的居住权"甚至是"体面的居住权"。由于每一个城镇家庭收入状况不同,他们通过市场机制解决其自身需要的能力也不同,市场机制是一个"货币选票"机制。这一机制只能让中低收入阶层"望房兴叹",中低收入阶层住房问题的解决需要依靠住房保障体系。那么,谁能享有住房保障呢?既然是要解决中低收入群体"合理的"或是"体面的"居住权,那么,就要对中低收入群体及"合理"或"体面"进行界定。因此,对于住房保障对象往往从以下两个方面进行考察:一是居民当前居住状态,如果是无房或居住过度拥挤,则应属于可能的保障范畴；二是居民收入状态，如果其收入低于某一水平，致使其正常的居住需求不能通过市场机制得到满足，则应属于可能的保障范畴。只有两方面的条件同时具备，才会成为现实的住房保障对象。

我国《城镇住房保障"十二五"规划》将住房保障对象界定为人均住房面积不足 13 平方米、人均收入在社会平均收入 40％以下的家庭。其中，人均收入低于社会平均收入 10％的家庭，属于廉租房保障范畴；人均收入介于社会平均收入 20％～40％的家庭，属于经济适用住房或政策性租赁住房的保障范畴。

二、中国保障房合理供给量测算

按照保障房的供给，考量当前居住状态及收入状况的双重标准，理论界采用人口百分比及效用函数方法对保障房的合理供给量进行了大量研究。

（一）人口百分比测算方法

保障房合理供给量的人口百分比测算方法，是以城镇总人口作为基数，设定保障比例，根据设定的比例计算应保人口与应保家庭数量，其中应保家庭数量即为保障房需求套数。根据研究目的不同，研究需要进行的深入程度就会存在差异，例如研究目的是为计算保障房建设所需资金，则仅估算出需求套数是不够的，需要进一步假定单位保障房面积与单位面积建设所需资金量。可按如下公式进行：

保障房供给套数＝城镇总人口×保障比例/户均居住人口数

保障房供给面积＝保障房供给套数×单位保障房面积

保障房建设所需资金＝保障房供给面积×单位面积建设所需资金量

保障房合理供给量人口百分比测算方法的优点在于其简便易行，缺点在于研究中设定的诸多指标（如保障比例、单位面积）带有较强的主观性，且未深入考察收入结构状况，因此测算结果往往只能代表潜在的保障房合理供给量。因为如果一个社会收入呈现平均化状态，则住房保障对象数量将大幅度减少，保障房的合理供给数量与社会收入的分配之间有着密切联系。

（二）效用函数测算方法

为了克服人口百分比测算方法的不足，一些学者将收入因素纳入保障房合理供给数量的测算模型。保障房合理供给量的效用函数测算方法为首先构建住房效用函数,通过效用函数测度人们的住房需求,进而测度保障房需求量。测度过程一般包括两个步骤:第一步,不考虑预算约束,仅从效用最大化视角计算应保家庭保障房需求总量;第二步,纳入预算约束,计算应保家庭可通过市场解决的住房数量。两者的差额就是需要住房保障体系解决的保障房数量。即:

保障房潜在需求＝无预算约束下的效用函数决定的需求

保障房合理供给量＝保障房潜在需求－可通过市场实现的住房需求

第二节　中国保障房供给数量优化

很长一段时间以来,国内理论界对于保障房合理供给数量的研究主要基于对保障房需求的研究,未能将城镇住房看作一个整体,充分考虑市场化住房与保障性住房之间的联动与替代关系。从城镇住房全局出发,有利于我们厘清影响住房保障范围及影响保障房需求的主要因素,从而制定合理的政策,调整城镇两类住房的结构。

一、市场化住房与保障性住房的隔离与联动特征

1998 年我国全面启动住房分配货币化改革,自此城镇住房市场快速发展,商品房的开发与建设速度显著提升,伴随着人们对自住房及投资房的需求加大,住房价格快速上涨。房价的上涨又与住房的投资需求循环联动,致使中低收入阶层无房居民面临的住房形势愈加严峻。

为了解决中低收入居民基本的居住需求,必须加快完善住房保障体系。商品房与保障房作为城镇住房的共同构成部分,两者之间存在部分隔离又相互联动的关系。之所以说两者之间存在隔离关系,是因为两者针对不同群体,商品房针对中高收入以上群体,保障房针对中低收入以下群体;商品房需求的满足可以通过主动选择来实现,保障房需求的满足则主要通过安排与被动接受来实现。

但必须看到,这种隔离并非是绝对的,只是部分隔离,两者之间存在相

互联动的关系。这种联动关系主要体现在两个方面:一是它们共同作为城镇住房的有机组成部分,当商品房供过于求时(相对于居住需求),保障房的需求可以通过制度安排从商品房市场获得房源来满足;二是保障房需求与城镇居民的住房购买能力密切相关,因此商品房价格、贷款利率等因素,都在很大程度上决定着保障房的供给与需求。

二、可支付性视角下保障房供给量测算

对于保障性住房需求与供给量的测算目前大多采用人口百分比方法。这种方法的合理之处在于其简便且易懂易操作;但其不合理性同样明显,那就是这种单一指标往往带有较强的主观性,即便是在某一特定条件下测算出来的结果,也会因为其不具有动态特征,容易造成应保者未能获得保障或者保障过度的结果。

保障房供给与需求数量的确定,关键在于设定纳入住房保障体系家庭的条件。符合条件的,政府即为其提供相应的住房保障;不符合条件的家庭则通过市场机制解决住房问题。换言之,设定条件就是区分商品房与保障房需求群体的边界条件。

由于城镇家庭是否需要借助保障体系解决住房问题,关键在于其是否具有通过市场解决住房问题的能力,因此,本部分我们试图从城镇家庭的住房支付能力出发,测算我国城镇家庭住房可支付性指数。并基于各收入层次居民收入分布正态性假定,测算城镇居民通过市场购买住房的能力。达到支付能力要求的家庭通过市场解决住房问题;反之,则纳入住房保障范畴。

(一)住房可支付性指数的内涵与应用

住房可支付性指数(Housing Affordability Index,HAI)是房地产市场的分析指标,用于评价居民住房支付能力。由于该指标为行业分析指标,因此它考察收入处于中位数水平的家庭对于中位数市场房价的承受能力。HAI 以 100 为分界线,小于 100,说明收入中位数家庭对中位数房价支付能力不足;大于 100,说明收入中位数家庭可以承受中位数以上的房价。

例如:家庭通过按揭方式购买住房,家庭所在城市房价中位数为 80 万元,该城市家庭收入中位数为 12 万元,家庭收入的 30% 用于住房月供,购买住房的首付比例为 30%。贷款利率与贷款期限分别设定为 7% 与 30 年,则

家庭购买中位数住房月供为 3576 元;中位数家庭月收入的 30％即 3000 元为月供需要的资金量的 84％。根据以上计算即得出该城市的住房可支付指数为 84,小于 100。说明收入中位数家庭无力承受中位数房价。

(二)中国住房可支付性指数的构造

通过上面的示例,不难看出,影响住房可支付性指数的主要因素包括收入、收入可用于保障住房消费的比例、住房价格及贷款利率水平等。基于数据的可获得性,我们以 2012 年为研究期间构造中国住房可支付性指数。

1. 房价中位数的确定

由于无法获得全国所有城市的住房价格数据,本报告在确定我国城镇住房价格中位数时,以全国 100 个大中城市的房价作为替代变量,测算出 2012 年我国房价中位数为每平方米 6457 元。假定中位数房价的住房平均面积为 90 平方米,则房价中位数为 58.11 万元。

2. 家庭年收入中位数的确定

目前,官方关于收入的统计一般只公布人均数据,为了确定家庭年收入中位数,本报告选用 2012 年城镇居民收入分级数据作为基础数据。

表 4-1 2012 年我国城镇居民收入分级数据

指标	数值(元)
城镇居民最低收入户(10％)人均可支配收入	8215.1
城镇居民较低收入户(10％)人均可支配收入	12488.6
城镇居民中等偏下户(20％)人均可支配收入	16761.4
城镇居民中等收入户(20％)人均可支配收入	22419.1
城镇居民中等偏上户(20％)人均可支配收入	29813.7
城镇居民较高收入户(10％)人均可支配收入	39605.2
城镇居民最高收入户(10％)人均可支配收入	63824.2

查阅相关文献资料,很多学者在确定家庭收入中位数时采用的技术路线一般为:根据收入分级数据,倒推各收入层级分布区间,假定各收入层级数据分布符合正态特征,进而产生收入随机数,找出收入中位数。该技术路线选择具有一定的合理性,但缺陷也很明显:一是收入中位数一定在城镇居民中等偏下户与城镇居民中等收入户中间产生,无须测算其他层级居民的

收入分布,所以这种方法有大量冗余工作量;二是处于中间收入部分群体的收入分布符合均匀分布特征的假定,相较于各阶层人均收入分布符合正态分布特征的假定,更加接近现实。当然,处于两极人群的收入分布特征应当是正态分布假定相较于均匀分布假定更加接近现实。

根据中间人群收入分布基本符合均匀分布的假定,可以测算出中等偏下收入城镇居民的人均可支配收入区间为(13912.9,19590.3),中等收入城镇居民的人均可支配收入区间为(19590.3,26116.4)。城镇居民收入中位数处于中等收入城镇居民的人均可支配收入的中间水平,为22653.4元。课题组也曾按照各阶层人群收入分布符合正态特征的技术路线进行过收入中位数测算,结果为22469元,测算结果差异性不大(基于正态分布假定产生的人均可支配收入随机数序列见表4-2)。差异不大的原因在于正态分布也是一种对称分布。

按照课题组的调研结果,设定户均人口数为3.2人,则城镇家庭可支配收入中位数为72491元。

3. 住房可支付性指数测算

按照前面的测算,我国城镇房价中位数为58.11万元,家庭可支配收入中位数72491元。依然设定家庭可支配收入的30%用于住房月供、购买住房的首付比例为30%、贷款期限30年、贷款偿还方式为等额偿还。进一步设定取得贷款的利率为2012年银行贷款基准利率6.55%。计算可得住房月供为2573元,收入中位数家庭可支配月收入的30%为1812元,住房可支付性指数为70.4。HAI小于100,说明中位收入家庭不能承受中位房价。

表4-2　基于正态分布假定的人均可支配收入序列　　　单位:元

64139	39895	30022	29951	22660	22618	16986	16988	12830	8528
64050	39863	30014	29933	22606	22502	16885	16961	12773	8503
64027	39852	30004	29924	22583	22502	16875	16874	12476	8445
63922	39712	29984	29880	22552	22436	16867	16796	12442	8398
63836	39594	29947	29801	22547	22414	16862	16768	12431	8372
63781	39517	29835	29796	22540	22408	16861	16743	12426	8255
63629	39501	29813	29735	22497	22347	16674	16680	12385	8215

（续表）

64139	39895	30022	29951	22660	22618	16986	16988	12830	8528
63594	39368	29799	29723	22440	22337	16626	16677	12277	8175
63555	39343	29771	29675	22361	22296	16607	16640	12181	8083
63489	39315	29671	29587	22309	22210	16570	16554	12158	7902

（三）住房保障需求群体的确定

要使得我国居民家庭的住房可支付性指数达到100，居民家庭年收入中位数需要提升42.0%，达到102936元，即人均年收入需要达到32167元。在维持房价及房贷利率等因素不变的前提下，家庭人均年收入超过32167元的居民家庭方才具有承受中位数房价的购买能力，这部分居民家庭的住房供给可以通过市场化机制来加以解决。未达到该收入水平的居民家庭，其居住需求则需要通过住房保障体系的帮助方能解决其居住需求。2012年基于收入分组的人均可支配收入随机序列数据，通过插值法进行调整，人均可支配收入达到32167元的城镇人口占总人口的比例约为22.63%，即需要通过住房保障体系给予帮助的住房需求群体占比要达到77.4%左右的水平。

当然，以上测算仅仅考虑了居民家庭自身的住房购买支付能力，因此该数据如不加以进一步说明会引起很大的歧义。因为学界与业界对于保障房需求群体的比例测算大多在20%左右，以上数据与这一估计并无本质矛盾。因为20%这一估计的前提是：

1. 将福利分房因素未纳入住房保障考量范畴，关于这一点我们将在后文中加以说明。

2. 城镇化过程中，原城镇周边农村地区被纳入城镇规划，农民变市民，他们的住房问题往往通过拆迁还原的方式加以解决。

3. 将城镇居民家庭购买商品房时可获得的外部帮助纳入考虑范围。在我国的现实生活中，城镇新设家庭（包括儿女结婚引致的家庭分立或城镇化引致的原农村青年到城镇就业并组建家庭等）在购房时，往往会得到父辈的资助，或为其购房，或为其提供首付，或为其分担月供等，这无疑使得部分收入未达到中位数房价支付能力的家庭有能力通过商品房市场解决住房问题。

鉴于上述2、3两个因素,我们将保障房需求比例适度调低至70%。按住房保障需求占城镇人口比例的70%进行计算,截至2012年12月,我国有49827.4万城镇人口需要得到住房保障体系的帮助,按照户均居住3.2人计算,保障房需求总量约为1.56亿套。

(四)我国住房保障缺口

1998年,我国全面推进住房商品化与社会化改革。在此之前,城镇居民住房问题的解决主渠道是福利分房,虽然也有部分住房通过市场化方式解决,但由于当时的住房土地供给价格极低,所以依然具有福利特征,因此在本书中,我们将1997年以前的城镇住房供给均视为具有保障特征的住房供给。根据中国人民银行统计调查司相关数据,截至1997年12月,我国城镇住房存量累计1.2亿套。根据国家统计局公布的数据计算,1998至2009年,我国经济适用房建设总量达到57093万平方米,按照60平方米/户计算,共建设经济适用房951.55万套(截至2009年,住建部与国家统计局统计的保障房即为经济适用房)。

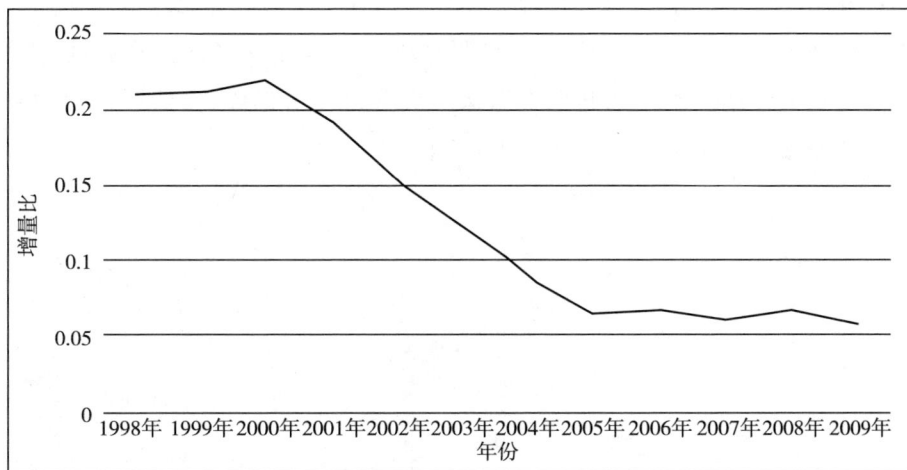

图4-1　1998—2009年城镇增量住宅中经济适用房占比

数据来源:统计局网站

通过图4-1不难看出,1998年至2009年间,在城镇增量住房中经济适用房占比呈现下降趋势。为了满足城镇居民的居住需求,党和国家高度重视,提出建立公租房、廉租房、租金补贴、经适房、两限房与棚户区改造等多种方式组合的适应不同人群的保障房体系。并在"十二五"期间完成了建设3600万套保障房的预设目标。

以1997年1.2亿套住房为基础,累积1998—2009年建设的951.55万套经济适用房,2010、2011及2012年保障房建设任务分别为580万套、1000万套及700万套。截至2012年底,我国的保障房存量达到15231.55万套。相较于前文测算的截至2012年底,保障房需求总量1.56亿套,保障房供给依然存在370万套左右的缺口。

上面的数字容易给人一个错觉,那就是这一缺口会随着保障房建设的进一步推进,迅速得到解决。其实不然,我国人口城镇化依然在快速发展,如果保障房建设速度快于保障需求提升速度,则这一缺口会缩小;反之,这一缺口会不断增大。

在此,必须进一步说明保障房需求比例70%估计与20%估计的一致性。截至2015年底,中国城镇化率达到56.1%,城镇常住人口数为7.7亿人,按户均3.2人计算,约有2.4亿个家庭。将福利分房因素纳入考虑范畴,前文已经介绍,至1997年12月,我国城镇住房存量累计1.2亿套,基本相当于2015年底城镇家庭总数的50%。如果2015年底,有20%的家庭通过1998年后建设的经济适用房或其他类型保障房获得住房保障,则实际获得住房保障体系帮助的城镇家庭比例达到了70%。

第五章　中国保障房
供配模式优化

在上一章中,我们按照可支付指数测度出保障房的需求数量,也就是供求平衡状态下保障房的合理供给量。保障房的供给是否一定要通过新建方式呢?答案显然是否定的。因为除了新建之外,还可以采用租住或租金补贴等方式来解决住房保障问题。特别是在整个城镇住房市场供过于求且售租比很高的情况下,住房保障的实现方式可以有更多的灵活性与选择性。选择合理的保障房供给与配置模式,可以提升住房保障效率。在这一章中,我们将首先分析我国保障房供给与配置模式的优化目标,进而分析我国保障房供给与配置模式优化的可行路径。

第一节　中国保障房供配模式优化目标

一、公平性目标

市场化改革往往更加关注效率,然而追求效率不能丧失基本的社会公平。因为基本的社会公平保障着社会稳定,而没有稳定就不会有效率与发展,所以我们要时时将"稳定压倒一切"的理念根植于心。

在我国已成为世界第二大经济体的今天,虽然我们的人均国民收入还不高,但国家已经具备让每一个国民享有基本居住条件的能力。同时,满足国民的基本居住需求也是全面建设小康社会的重要组成部分。

住房市场化改革,使得中国在较短的时期内动员大量的社会资金进入住房市场,使得我国城镇居民的居住条件得以快速提升。但在此过程中,房价的快速增长,却使得城市中低收入阶层(特别是"新城市人")望房兴叹。

住房在中国有着其独特的文化含义,它是"家"的有机组成部分,"有房才是家",因此解决住房问题不仅仅是在解决城镇化背景下居民的居住问题,同时也是在增强他们的归属感。构建住房保障体系,促进公平居住,努力做到"应保尽保",在我国极为重要。

住房保障的公平性原则,主要体现在政策制定与执行过程之中。在政策制订时,要合理确定保障范围,选择合理的供给与配置模式;在政策执行中,要强调透明公开,防止寻租与腐败行为的发生。

二、效率性目标

虽然住房保障体系的构建更加强调公平性原则,但效率性原则依然重要。保障房供给与配置模式优化的效率性原则主要体现在以下三个方面。

(一)保障房的供给不能加剧住房市场的失衡

前面的分析表明,总体而言我国的城镇住房市场已呈现过剩状态,保障房是城镇住房的有机组成部分,保障房的供给应最大限度地利用现有住房资源,不能以加剧住房市场失衡为代价。

在土地财政的驱动下,地方政府对发展房地产产业具有很高的热情与期待;房价的节节攀升,使得房地产开发商获利颇丰,同时极大地提升了市场对住房的投资需求。这就在一定时期内产生了这样的循环:房价上升→住房投资需求增加→房地产开发获利增加→住房供给进一步增加→投资需求高涨下的房价进一步上涨。但这一循环不可能长期持续,一旦循环断裂,供过于求的状况必将导致住房价格快速回落,在我国经济杠杆率居高不下的现实背景下,房地产的"硬着陆"将具有极强的破坏力。

所以,住房保障体系的构建,应充分合理利用现有城镇住房闲余资源,不能一味采用新建模式,造就更严重的住房市场失衡。

(二)保障房配置不应改变社会财富序列

住房保障体系可以说是一种社会救济体系,它对于受益者的救助具有阶段性特征。它是一种阶段性帮助,而非永久帮扶。需要做到在制度设计上不因保障房配置改变社会的财富序列。

我国现行的住房保障政策,采用临界界定模式,容易导致因保障房配置而改变社会财富序列。在此以一个写意的案例进行说明:如制度规定,年收入 10000 元以下的家庭可以购买经济适用房。假定有两个家庭 A 和 B,其中家庭 A 原财富量为 40 万元,家庭 B 原财富量为 30 万元;家庭 A 年收入为 12000 元,家庭 B 年收入为 12000 元。根据规定,家庭 A 不能享受保障房,家庭 B 可以享受保障房。如家庭 B 用 20 万元购买了 1 套 80 平方米的保障房;家庭 A 通过市场用 40 万元购买了同等住房。结果,这一政策的执行导致了两个家庭财富序列的改变,使本来相对富裕的家庭 A 变成了相对贫穷的家庭。这样的制度设计显然具有不合理性,它在保障相对贫穷阶层居住权的同时,造就了不公平现象,而这种不公平甚至会在一定程度上影响人们工作的积极性。防止保障房配置改变社会财富序列的有效办法是更多地采用租金补贴的方式解决住房保障问题。

(三)保障房供给应在财政安全负荷以内

无论是新建保障房还是采取租金补贴模式提供保障房,都会形成财政支出负荷。不同的模式在不同期间形成的财政负荷存在差异。保障房供给形成的财政负荷应设定安全边界。安全边界的设立可以保证保障房供给的长期性和可持续性,并能保证经济的健康运行。

"十二五"乃至今后的一定时期,新建保障房依然是保障房供给的主渠道。但新建保障房会在短期内形成对资金的巨大需求,为了降低财政负荷,保障房建设不应完全依赖财政资金,而是要发挥财政资金的杠杆作用。但由于保障房的特殊属性,保障房建设能够给开发商带来的商业利益远低于商业房地产开发,因此,一般的房地产开发商对保障房建设往往积极性不高,各地的保障房建设任务很多由地方融资平台承担。它们在保障房建设中形成的债务成为地方政府的隐性债务,如其不具有还款能力,则政府需在未来予以偿还。这也是政府杠杆率不断提高的原因之一。

所以,政府在优化保障房供给模式时,需要考虑财政负荷,避免地方政府陷入流动性不足甚至违约的局面。唯有如此,才能保障住房保障体系持续健康充分地发挥作用。

三、实践性目标

中国幅员辽阔,东、中、西部经济发展与人口集聚状况迥异;即便是在某一区域内部各地情况依然存在巨大差异。住房保障体系的构建应契合这一现实状况,将区域性差异因素纳入供给与配置模式优化的考量范畴。而且不仅要作静态的现状分析,还要作动态的趋势分析。

保障房供给与配置要考虑当地住房市场现状,应充分利用现有房源,并选择成本最优的模式;保障房供给与配置要考虑城镇化进程的推进带来的人口迁徙因素对当地的影响,如果在未来一段时期内,当地呈人口净流入状态,则需要考虑增加供给,如人口呈现净流出状态,则要将此趋势纳入考虑是否需要进一步增加保障房供给。

从当前的情况来看,人口依然在向特大城市或大城市集聚,这一动态造成三、四线城市住房过剩,房价下跌;而一线城市住房相对紧张,房价上涨。因此保障房供给要充分考量这一因素,当前保障房建设应向一、二线城市倾斜。但人口迁徙一般与生产力布局密切相关,迁徙动态呈变化特征,保障房供给与配置也需要据此进行调整。

第二节 中国保障房供给模式优化

"十二五"期间,我国开工建设的保障房数量实现了预期目标,超过 3600 万套。应该说,这一时期的保障房建设对于缓解城镇中低收入阶层的住房困难问题发挥了很大的作用。这一时期保障房的集中建设,其中隐含"还历史欠账"的因素。因为自 1998 年以来,我国的商业房地产发展速度很快,但住房保障体系的构建则相对迟缓。当今,我国住房市场的总体情况已经发生了巨大变化,住房市场已从过去供不应求的局面总体变化为供过于求的局面。在这一根本性局面发生变化的背景下,基于保障房的供给优化原则,保障房的供给模式亦应发生相应改变。改变的基本思路是充分利用市场现有房源,将部分商品房转化用作保障性住房,避免大规模新建保障房,加剧住房市场供求失衡程度。

一、部分商品房用作保障性住房的必要性分析

将部分商品房转化用于保障用途的基本背景是当前我国住房市场已整体呈现供大于求的失衡态势。在市场化资源配置的过程中,"价格"是一只无形的手,引导着资源配置,但这只手的引领并非总是正确的,往往会出现阶段性偏差。正如我们看到的现实,虽然住房市场出现了供过于求的局面,但市场形成的"房地产投资热",造就了房价坚挺,而坚挺的房价又会进一步加剧人们投资房产的热情。如此循环,将会在一定时期内使得房地产供求失衡状态加剧。而住房最终除了具有居住功能外,并无其他用途。因此,这种阶段性失衡会带来社会资源的闲置,甚至浪费。

住房保障体系作为社会保障体系的有机组成部分,除了可以发挥社会救济功能,同时还可以兼具宏观调节功能。这种宏观调节功能,除了可以调节 GDP,还可以"熨平"行业周期。在整个住房市场供过于求时,应当减少保障房建设,充分利用市场房源用于住房保障领域。

另外,大规模建设保障房在短期内给财政带来巨大负荷,同时会提升政府杠杆,给经济运行带来不稳定因素。

二、商品性住房转化为保障性住房的路径选择

(一)商品房转化为保障房的路径选择

利用商品房发挥住房保障功能,可以有不同的路径选择,主要有如下可选择路径:

1. 政府购买

这种方式是政府通过购买方式取得市场房源用于住房保障。这种方式的优点在于可以帮助市场"去库存",由于未增加住房供给,不会加剧住房市场的供求失衡。但其缺点亦十分明显,那就是取得保障性住房的成本巨大,因此基于财政负荷安全视角,这种方式不宜大规模使用。

2. 政府转租

这种方式是政府先通过租用方式从市场取得房源,然后将这些住房出租给住房保障对象。政府从市场租用住房的租金为租房市场的房租均衡价格,向保障对象出租时执行住房租金保障价格。在此过程中,政府承担的成本为房源组织成本、租入与租出的租金差额及租出后的管理成本。这种方法的优点包括:住房保障实现过程不增加住房供给;政府在转租期中发生的成本较为均匀地分布于各个年份,不产生集中性财政支出,有利于合理规划财政负荷,缓解财政压力。

3. 租金补贴

这种方式类似于政府转租方式,具体做法是首先确定相应的住房保障对象,按照相关制度计算保障对象可以享受的租金补贴标准,由住房保障对象通过租房市场租赁房屋,所发生的租金,政府按补贴标准进行补贴,超出补贴部分由被保障家庭自行承担。这种方式缓解了政府房源组织压力,减少了转租需要发生的后期管理成本,且相对灵活,保障对象可根据自身情况在一定标准约束内从市场自行选择所需租住的住房。

(二)路径选择影响因素

究竟采用哪种方式来满足保障房供给,需要根据现实情况进行考量,分析时需要考虑的主要因素包括:

1. 住房市场供求情况

如果相对于居住需求(不考虑投资需求)住房市场整体供大于求,则应将市场房源转化为保障房;反之,则需要考虑新建保障房。

2. 租售比与租建比情况

租售比的概念已是一个为大家普遍熟悉的概念,租建比是本书为了分析,需要构建的一个概念,是指住房建造成本与租金的比例,设计这样一个概念是因为政府建设保障房的成本要低于住房的市场售价,由于政府新建保障房的当期财政负荷主要是建造成本,所以政府在考虑从市场取得房源用于保障用途时,更多应考虑租建比。如租售比或租建比高,则租用有利于降低住房保障的财政负荷;反之,新建有利于降低住房保障的财政负荷。

当前,我国住房市场的总体情况是,基于居住需求而言,城镇住房总体呈现供过于求状态,且房价高企,租售比与租建比偏高,超出合理范围,因此,住房保障应当利用部分市场房源,且采用转租与租金补贴模式,有利于降低住房保障的财政负荷。

第三节　中国保障房配置模式优化

保障房供给模式是保障房的来源模式,保障房的配置模式则是保障房的分配模式,两者有着密切的关联,供给是配置的前提,配置是保障功能的最终实现。

保障房的配置需要针对保障对象进行合理的细分,根据不同保障对象的特点采用不同的配置模式;在配置的过程中要兼顾公平与效率;配置模式应当具有简便易行的操作特征;应当符合住房市场的整体发展趋势。

一、我国现行保障性住房配置模式评析

我国现行的保障性住房采用租售并举配置模式。下面,我们对这两种模式进行简要说明并分析每种模式在操作中存在的问题。

(一)销售模式

保障房配置的销售模式是政府(或享受政府优惠政策的房地产开发商)以低于市场价格的方式将保障房出售给符合条件的保障对象的保障房配置模式。保障对象一般享有保障房的所有权,但由于在取得的过程中,享受了优惠,所以所取得的保障房在未来转让中政府会设定限制条件,一般规定在取得保障房若干年内不得出售,出售时政府享有优先购买权。采用销售模式配置的保障房主要有经济适用房与"两限房"。

经济适用房与"两限房"在建设过程中,政府一般会给予房地产开发商土地优惠与税费减免,同时约束房地产开发商的获利水平,因此房价在较大程度上低于市场价格。这两种房源的开发过程由房地产开发商执行,资金筹集也由房地产开发商完成,可以动员社会资金参与保障房建设,减少保障房体系构建给政府带来的财政负荷与融资负荷。

虽然通过出售方式配置保障房有一些优点,但其缺陷也十分明显,主要包括以下几个方面:

1. 虽然经济适用房与"两限房"不是一般的商品化住宅,但它们却具有商品化住宅的主要特征。保障对象通过购买取得了保障房的所有权,并能

在未来通过市场出让。这样,由于获得该类保障房时,价格显著低于市场,在信息不够透明、监管不力的情况下,就容易滋生腐败。正是基于这样的原因,经济适用房自推出以来,就饱受质疑,一些学者及业界人士一度呼吁停止经济适用房建设,新浪网曾于 2005 年就此展开调查,并于当年 3 月 12 日在网上公布调查结果。在"你感受过经济适用房可能出现的问题吗"的这一问题的回答上,"购买资格审查不公""市场信息不对称"位居其设计的 7 个问题中选择频次的第 1、2 位,选择比例分别为 73.88% 和 41.83%(该问题的调查为多项选择)①。

2. 通过价格优惠方式向保障对象出售保障房所有权,容易引致居民的社会财富序列人为发生改变,所以其公平性往往遭受质疑。

3. 以出售方式配置保障房,不会增加政府保障性房源存量。

"十三五"期间十分关注的棚户区改造项目亦属于通过出售配置保障房的范畴,与前述两种保障房不同的是,在棚户区改造过程中,一是棚户区改造,实际是对原有住房的改善,所以在此过程中存在土地置换;二是在棚户区改造中,政府将注入补贴资金。其他特征与上述两类住房基本相同。

(二)出租模式

保障房配置的出租模式是政府将其拥有的保障性房源,以显著低于市场租金的方式出租给符合条件的保障对象。配置房源主要为廉租房与公租房,保障对象只享有住房的租用权。由于受保对象的收入与财富状态呈动态特征,一旦其不再符合租用标准,则要让出保障房使用权。

以出租模式配置的保障房,其保障人群为低收入阶层,他们尚不具备购买住房的能力。所以作为一种过渡性救济模式,租金标准很低。它的优点是政府保有保障房所有权,一套保障房在其生命周期内可以为多个家庭提供保障。

但以出租形式配置保障房,管理成本高昂。作为房屋的所有权人,政府需承担房屋维护、修缮、管理等责任,收取的租金甚至不足以支付出租后的管理成本。同时,由于收入申报制度不健全,加上查询困难,所以在现实中存在"退出难"的问题,这就影响了出租住房的流转使用。

---

① 新浪调查:经济适用房的停建之争. http://bj. house. sina. com. cn/jingiftj/index. html, 2005.3.12

二、保障性住房配置模式的优化

（一）保障房供求群体的行为特征分析

制度设计要遵循实践逻辑，其是否可行及其执行效果如何取决于对制度执行主体行为特征分析是否深入。讨论保障房配置模式优化问题，首先需要对住房保障体系主要参与主体进行行为分析。政府是住房保障体系的构建主体，中低收入居民是保障房的需求群体。对他们的行为特征进行分析，是优化保障房配置模式的基础。

1. 住房保障体系构建中的政府行为

在前面的分析中，我们已经谈到，在住房保障体系构建过程中，中央政府与地方政府之间目标并不全然相同。在这里，为了分析的简便，考虑到两者的基本目标是趋同的，因而不作区分讨论。

总体而言，政府在供给与配置保障房的过程中，同时关注其获得的政治收益及其经济影响。在政治收益方面，保障房是一项民生工程和民心工程，政府通过住房保障体系的构建，可以促进社会和谐，获得良好的社会评价与政治拥护。在经济影响方面，住房保障体系构建带来的财政负荷、管理成本，以及保障房的供给与配置模式对住房市场乃至对经济增长均会产生较大影响。在财政预算约束下，政府希望将住房保障体系构建引致的财政负荷控制在一定范围内，因此，他们更加倾向分散于各期的财政支出方式，而不希望财政负荷集中于短期发生，政府亦希望保障房配置带来的管理成本与管理难度能够降低。

2. 住房保障体系构建中的需求者行为

保障房配置可以通过出售与出租两种方式，这两种配置方式针对不同的收入阶层。保障房需求对象通过购买取得保障房，在发生集中性支出的同时，增加了保障对象的家庭财富总量。受"有房才有家"的传统观念影响，具备购买保障房能力的保障对象对于购买保障房有着强烈的意愿。保障房需求对象通过租用取得保障房使用权，一般租金水平相较于市场而言要低得多，由于此类保障房的适用对象为低收入群体，因此他们对廉租房或公租房容易产生租用"依赖"，这种租用"依赖"会导致廉租房与公租房"长住不退"现象的发生。

（二）保障性住房配置模式的优化路径

前面我们评析了我国现行保障性住房的配置模式，并分析了保障房供求主体的行为特征。以此为基础,我们可以提出保障房配置模式的基本优化思路:在保障房配置中,更多采用出租模式,以防造成"腐败"、不公与家庭财富社会序列的人为变更;在采用出租模式提供住房保障时,更多采用租金补贴模式,避免新建产生集中性财政负荷及发生高昂的管理成本,同时防止新建保障房引致住房供求的进一步失衡。

1. 在出售与出租模式选择中,更多采用出租模式

自 1997 年我国推进住宅商品化以来,城镇商品房价格快速上涨,住宅在家庭财富中的比重也不断攀升。同期,随着原材料价格及人工成本的上涨,经济适用房建筑成本也在上涨,经济适用房价格也逐年攀升。但相较于商品房而言,经济适用房的价格上涨显著缓慢,这就导致商品房与经济适用房的价格差逐年扩大。部分一线城市的经济适用房价格甚至不到周边商品房价格的 1/3[①]。取得经济适用房的购买资格、获得经济适用房的产权,可以迅速增加家庭财富总量,提升家庭财富的社会序列。正因如此,经济适用房在配置过程中,容易产生"寻租"、腐败与非法套利等行为,一些不应得到保障的家庭违规获得了经济适用房,而一些应保家庭却只能"望房兴叹"。

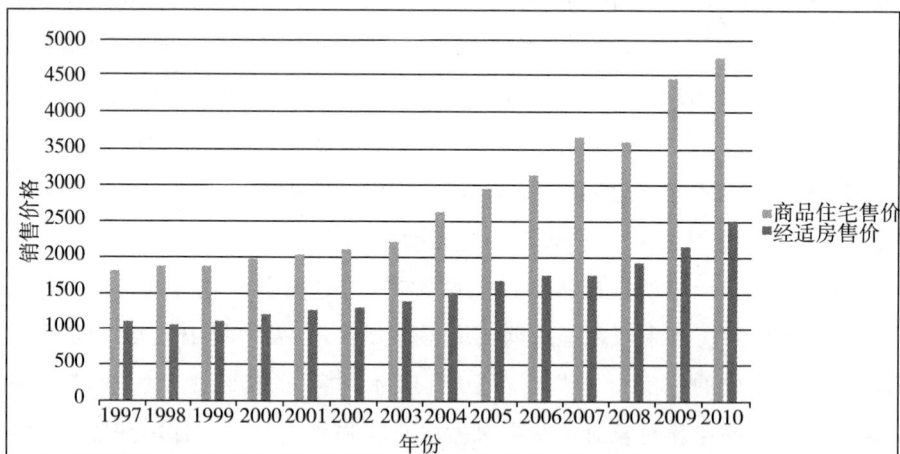

图 5-1　商品房与经适房的销售价格比较

数据来源:中宏统计数据库

---

① 新浪地产网:http://news.dichan.sina.com.cn/2011/03/04/284467.html

经济适用房、两限房配置中存在的"寻租"、腐败与非法套利等行为,损害了社会公正与政府形象。廉租房与公租房的产权归政府所有,保障对象仅取得保障性住房的使用权,这种配置方式不会导致家庭财富社会序列的人为变更。由于其房型约束,具有一定经济实力与社会地位的阶层一般不会追求其租用权,寻租与腐败的概率低。因此,在出售与出租模式选择中,应更多采用出租模式。

2. 在以租用方式提供住房保障过程中,更多采用租金补贴模式

以租用方式提供住房保障,可以有不同的实现路径,既可以由政府提供其拥有产权的住房租用权,亦可以让保障对象从市场租用住房,政府给予相应的补贴。"十二五"期间,我国开工建设的保障房超过3600万套,建成了数量巨大的廉租房与公租房,这为我们更多采用租用模式提供住房保障打下了坚实的物质基础。

集中性地大量建设廉租房与公租房迅速补充了城镇化进程中的住房资源,为构建以租用为主的住房保障体系提供了坚实的基础。但这种做法具有明显的阶段性特征,由于当前我国的城镇住宅已总体处在供过于求的状态,不断新建保障房将加大市场失衡。同时廉租房与公租房的建设与保有需要政府集中投入大量资金并承担后续的管理成本,财政负荷与管理难度都很大。"长住不退"现象的存在又会影响廉租房与公租房的正常流转。

对于廉租房与公租房的租用者而言,廉租房与公租房大多建设区位不佳,致使租用者子女入学不便、交通成本加大;同时,廉租房如果集中成片,还会产生"居住隔离"效应,导致一些"贫民窟"现象出现,加大政府的管理难度,影响居住者自我救济能力的形成。

采用租金补贴模式提供住房保障时,政府无须拥有保障房,而是让符合条件的保障对象通过市场租用住房,政府按一定的标准给予租金补贴。租金补贴额度与市场租金水平、应保面积及补贴比例呈正向变动关系。

租金补贴额度＝单位面积市场租金×应保面积×补贴比例

在市场房源充足的情况下,采用租金补贴模式提供住房保障有着以下优点:①可以充分利用市场房源,有利于"去库存",缓解住房市场供求失衡;②方便灵活,保障对象可以充分考虑其自身情况,按照便利原则自行选择住房;③财政负荷在各年均匀分布,不会产生集中性财政负荷;④政府的责任

主要是甄别符合条件的保障对象,管理难度与管理成本相对较小;⑤可以缓解由于低收入阶层集中居住而产生的"居住隔离"效应。

虽然租金补贴模式具有上述诸多优点,但其推行需要一些外部条件:

(1)市场房源充足是推行租金补贴模式的必要条件。

(2)市场上保有较为充足的租赁住房是推行租金补贴模式的前提。即便是在市场房源较为充足的情况下,租赁性住房也未必充分,一些住房投资者(投机者)持有住房,仅是为了"低吸高抛",他们在购买投资性住房后考虑到租出可能影响其持有住房的未来出售价格与出售便利,因此宁愿闲置亦不用于出租,致使住房资源闲置与浪费。调控好住房市场,维持房价的基本稳定,对于抑制住房投资(投机)、形成租赁性住房的充分供给是大有裨益的。

(3)形成健康有序的住房租赁市场,保障租房者的合理权益,对于采用租金补贴模式至关重要。当前,我国的住房租赁市场尚处在发展完善之中,房主在租赁尚未到期的情况下提前收房及在租赁期内要求涨价的现象时有发生,致使租房者的合法权益难以保障,而维权成本相对较高。在租房市场不规范的情况下,租金补贴模式就难以推行。

(4)政府需要建立相关机构,形成完善的制度,确保租金补贴模式的正常运营。作为住房保障的提供者,政府是整个制度体系中最关键的角色。租金补贴制度的正常运转,需要政府形成完善且便于执行的相关制度,并在实际操作中尽职尽责,以便做到"应保尽保",同时也要防止不该享受保障的群体"浑水摸鱼",不当得利。

推进租金补贴模式所需的一系列外部条件,决定着推进租金补贴模式是一个渐进的过程。鉴于租金补贴模式的诸多优点,所以这种模式必须推进。但其推进过程应当考虑得细致周到,不能盲目。它的推进需要考虑受保群体的心理接受能力、外部条件的承受度等诸多因素。

第六章　政府主导下中国保障房运行可能存在的资金困境

　　保障房制度是住房市场化改革背景下我国住房体系的重要组成部分，由于市场存在失灵现象，因此政府对市场进行积极干预并对市场不能解决的问题进行必要的补充是十分重要的。在住房市场上，中高收入阶层居民的住房需求可以用市场化法则来解决，但低收入群体的住房需求则需要政府的帮助与支持，这正是需要构建住房保障体系的基本原因。然而，实践中的住房保障体系构建需要政府投入大量的资金，资金投入主体受资金来源制约，致使其在保障房体系构建中并不能做到积极作为。本部分我们将通过行为分析的方法，从保障房建设主体的利益视角考量中央政府与地方政府在保障房建设中的行为动机，以博弈论为分析工具，探讨住房保障体系构建中的央地合作与博弈。分析地方政府基于自身利益诉求，可能引致的对保障房建设不积极的原因及克服路径。

第一节　保障房体系构建中的央地互动与博弈

　　保障房体系构建所涉主体包括中央政府、地方政府、中低收入居民、房地产开发商。其中，政府是住房保障的供给者，中低收入居民是住房保障的需求者与受益者，房地产开发商是保障房的建设者。四方主体有着各自的效用诉求，有着不同的收益函数。在我国住房保障体系构建中，中央政府是规划者及政策制定者，为了实现和谐社会及全面实现小康社会的战略蓝图，中央政府积极推进住房保障体系的构建；地方政府作为政策的执行者，与中央政府在目标上有着高度契合，但在行为过程中，受到地方财力的制约及对地方政绩考核中保障房建设主要作为约束指标而非作为激励指标等因素的制约,地方政府往往更加愿意将有限财力投入于"加分"项目,这种做法往往会导致地方政府在保障房建设中投入不足;中低收入居民作为住房保障的受益者,显然对住房保障政策积极拥护,并有着很大的期待;房地产开发商作为项目建设的商业主体,参与保障房建设主要是通过体现其社会责任感改善社会形象或改善与政府之间的关系,同时也为了在一定程度上实现其商业利益(如果房地产开发商在保障房开发与建设中不能获得商业利益,这种案例往往是特例,是难以复制的)。

四方主体中,我们不难看出,中央政府与地方政府的行为决定着保障房的供给数量与住房体系构建的成效。因此,分析中央政府与地方政府行为特征,对于分析保障房体系构建十分重要。前面已经说过,在保障房体系构建中,中央政府与地方政府的基本目标是一致的,但这并不表明其目标完全一致,因为中央政府的目标具有战略性、长期性与全局性特征,而地方政府的目标具有执行性、短期化与局部性特征。这就使得中央政府与地方政府的行为,是在主体目标基本契合背景下的行为博弈。正是由于在住房保障体系构建中的中央政府与地方政府目标的基本契合,才使得我国的住房保障体系构建在短期内取得了举世瞩目的成效;也正是由于中央政府与地方政府具有不同的效益函数,才使得保障房建设往往存在投入不足、虚报数量及质量不佳等问题。分析住房保障体系构建中的央地博弈,可以让我们更加清晰地认清问题,以便于在今后做得更好。

一、央地博弈的经济学模型构建

在住房市场化背景下,商品房是住房供给的主体,保障房是商品房的必要补充与替代产品,由于商品房建设可以为地方政府带来土地出让收益,同时作为支柱产业可以增加地方 GDP,地方政府在推进住房保障体系建设中,往往更加重视商业房地产的发展。因此,我们在分析央地博弈时,将商品房作为博弈行为分析的中间变量。我们用 c 代表中央政府、用 l 代表地方政府;用 H 代表保障房投资、用 M 代表商品房投资;H_c、H_l 分别代表中央政府与地方政府对保障房的投资额;M_c、M_l 分别代表中央政府与地方政府对商品房的投资额(商品房开发建设过程中,政府亦要投入资金,如要做到施工现场外的"五通一平"等）。给定中央政府预算资金 B_c、地方政府的预算资金 B_l，假定中央政府和地方政府行为服从收益最大化特征，且收益函数服从如下柯布-道格拉斯函数：

中央政府：$R_c = (H_c + H_l)^\gamma (M_c + M_l)^\beta$

地方政府：$R_l = (H_c + H_l)^\alpha (M_c + M_l)^\beta$

其中，$0 < \alpha, \beta, \gamma < 1; \alpha + \beta \leqslant 1; \gamma + \beta \leqslant 1; \alpha < \gamma$。

根据收益最大化假定，则中央政府决策函数为：

$$MaxR_c = (H_c + H_l)^\gamma (M_c + M_l)^\beta$$

$$s.t.\ H_c + M_c \leqslant B_c, H_c \geqslant 0, M_c \geqslant 0$$

地方政府决策函数为：

$$MaxR_l = (H_c + H_l)^\alpha (M_c + M_l)^\beta$$

$$s.t.\ H_l + M_l \leqslant B_l, H_l \geqslant 0, M_l \geqslant 0$$

二、基于博弈的央地最优行为选择

假定预算资金均可用于投资。对中央政府与地方政府的决策函数进行求解，可以得到中央政府和地方政府对保障房的投资额分别为：

中央政府：

$$H_c^* = \max\left\{\frac{\gamma}{\gamma + \beta}(B_c + B_l) - H_l, 0\right\}$$

地方政府：

$$H_l^* = \max\left\{\frac{\alpha}{\alpha + \beta}(B_c + B_l) - H_c, 0\right\}$$

比较以上两式不难看出，在保障房建设中，中央政府的投入与地方政府投入呈现反向变动关系。这就使得地方政府在保障房建设过程中，更多期待中央政府增加投入。

如果中央政府对保障房的投资足够充足，满足 $B_c \geqslant \frac{\gamma}{\gamma + \beta}(B_c + B_l)$，也就是中央政府的预算投资大于其设定的保障房最优投资规模，则存在如下唯一的纳什均衡解：

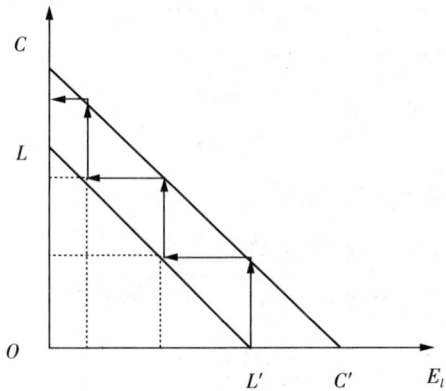

图 6-1　保障房投资中的央地博弈

图 6-1 中,CC' 为中央政府行为曲线,LL' 为地方政府行为曲线;$OC=OC'=\dfrac{\gamma}{\gamma+\beta}(B_c+B_l)$,$OL=OL'=\dfrac{\alpha}{\alpha+\beta}(B_c+B_l)$。于是,中央政府与地方政府在保障房投资中的博弈均衡为:

$$H_l^*=0,M_l^{\ *}=B_l$$

$$H_c^*=\frac{\gamma}{\gamma+\beta}(B_c+B_l),M_c^*=B_c-\frac{\gamma}{\gamma+\beta}(B_c+B_l)$$

以上模型并不是一个写实模型,因为模型赖以建立的"经济政府"假定并不确切,政府除追求经济目标外还追求社会目标;另外假定中央政府预算资金充足也并不完全符合现实。虽然如此,以上的写意模型仍然具有实践启示价值。它告诉我们,在推进住房保障体系构建的过程中,地方政府更加注重商业房地产建设,而期待保障房建设带来的资金负荷更多地由中央政府承担。这也就解释了为什么保障房建设不能依靠地方政府自觉完成,而要由中央政府将保障房建设任务分解至各地方政府的原因;同时也解释了保障房建设有时难以达到中央政府期待的最优投资规模的原因:

$$E_c^*+E_l=\frac{\gamma}{\gamma+\beta}(B_c+B_l)>\frac{\alpha}{\alpha+\beta}(B_c+B_l)=E_c+E_l^*$$

用 P_c、P_l 代表中央政府和地方政府理想的最优保障房投资规模，$P_c = \frac{\gamma}{\gamma + \beta}(B_c + B_l)$，$P_l = \frac{\alpha}{\alpha + \beta}(B_c + B_l)$。这样，$P_c$、$P_l$ 可统一表示为 $\frac{x}{x + \beta}(B_c + B_l)$（在表示中央政府与地方政府最优保障房投资规模时，$x$ 分别为 α、β）表达，对前式求导可得 $\dfrac{\mathrm{d}(\frac{x}{x+\beta}(B_c + B_l))}{\mathrm{d}x} > 0$，即 x 增加，P_c、P_l 增加。

上述分析表明，α 与 β 的接近程度，反映着中央政府与地方政府目标的趋同性。两者数值越接近，则央地政府目标越趋同。中央政府除了要通过任务分解与强化监督方式推进地方政府的保障房建设，同时还要通过行为激励，使得地方政府建设保障房的外部收益内部化（$\alpha = \gamma$），唯有如此，才能有效推进我国住房保障体系的快速有效构建。

第二节　政府主导下保障房运行可能的资金困境

一、地方政府的财政约束

住房保障体系的构建对于我国加速城镇化进程、推动经济发展与构建和谐社会均具有十分积极的意义。住房保障体系的正外部性使得该项任务只能由政府来承担，然而正如上文分析的那样，地方政府需要中央政府的行为激励，才能够积极参与住房保障体系的构建。"十二五"期间，中央政府通过签订责任令的方式，要求地方政府保证完成保障房建设任务，在住房保障体系构建过程中，地方政府成为资金投入关键主体。课题组以 2011 年规划数据作为基础，测算地方政府在"十二五"期间为完成保障房建设任务需要投入的资金规模（见表 6-1）。2011 年中央政府要求建设 1000 万套保障房，资金总需求不低于 1.4 万亿元，扣除可动员的社会资金，政府需投入资金量为 5530 亿元，其中中央政府投入 1030 亿元，地方政府投入资金 4500 亿元。整个"十二五"期间，为完成保障房建设任务，财政资金的总投入超过 21700

亿元(该数字与第十三章基于工程建设指标的测算相符),其中地方政府需投入的资金总量约为 16200 亿元。

自 1994 年我国实行分税制改革以来,地方政府财政一直处于支大于收的状态。要投入如此规模的资金推动住房保障体系构建,主要通过两条路径:一是依赖土地出让收益,二是靠增加赤字。

近年来,土地出让收益一直是我国地方政府最为重要的预算外收入来源。图 6-2 给出了 2009 年杭州、上海、北京、天津、广州、宁波和重庆地方财政收入与土地出让收益对比情况,在这 7 个城市中,天津的土地出让收益与财政收入比最低,但也超过 40%,最高的杭州则达到了 103.4%。地方政府对"土地财政"的高度依赖,在一定程度上削弱了地方政府建设保障房的积极性。这一方面是因为保障房与商品房之间具有一定的替代效应;另一方面,保障房建设用地大多属于无偿或低价供给,这会减少地方政府的土地出让收益。更为关键的是,地方政府依靠土地财政并不能成为常态,随着我国商业地产供给的不断增加,地方政府的土地出让收益必然会出现拐点,拐点过后,土地出让收益将呈现不断下降的趋势。

同时,分税制改革以后,我国地方政府赤字呈现逐年增加态势,且增长速度很快。赤字的逐年累加,会使得地方政府不堪其重。图 6-3 给出了 1995 年至 2015 年我国地方政府财政收支状况,数据详见附录 1。

表 6-1 保障房总体投资状况

保障性住房投资	开工套数 (万套)	完工套数 (万套)	总投资额 (万亿)	中央投资 (亿)	地方投资 (亿)
2008 年	231	—	0.3234	181.9	1039.5
2009 年	485	—	0.679	550.60	2182.5
2010 年	590	370	0.826	764.86	2655
2011 年	1000	1000	1.4	1030	4500
2012 年	1000	—	1.4	—	4500
2013 年	600	—	0.84	—	2700
2014 年	600	—	0.84	—	2700
2015 年	400	—	0.56	—	1800

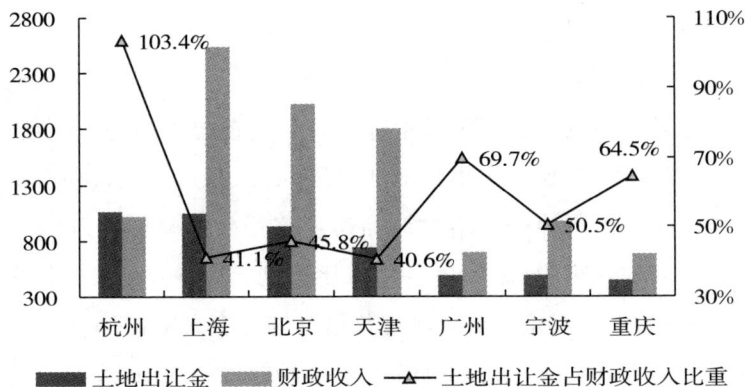

图 6-2 2009年主要城市财政收入与土地出让收入状况

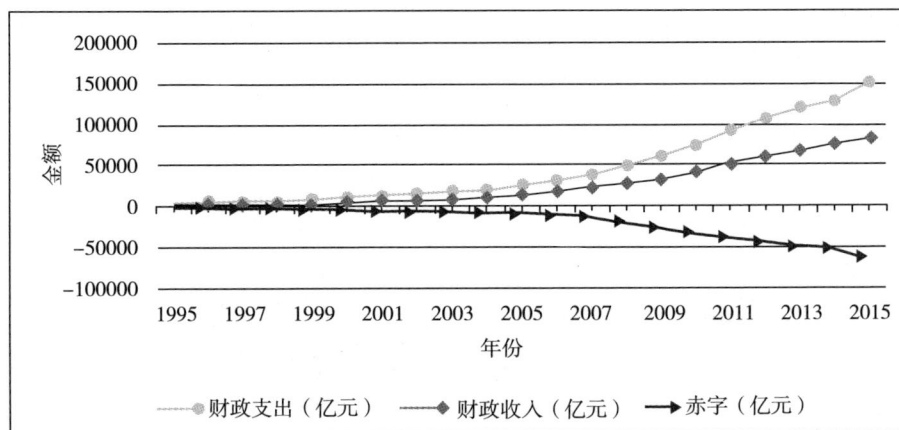

图 6-3 地方财政收支状况

二、保障房的局部替代效应

理论上说,保障房和商品房针对的是不同的住房需求者,两者之间具有一定的隔离效应。但这种隔离并非绝地,两者之间存在局部替代效应。以局部替代效应为基础,进而会产生保障房对商品房的挤占效应。这种挤占效应通过两个路径发挥作用:需求挤占与供给挤占。

需求挤占发挥作用的路径为:①随着保障房供给的不断增加,保障房申购条件会不断降低,进而使得原先只能通过市场化路径满足其居住需求的家庭转向通过住房保障满足自身的居住需求;②部分保障房在满足转让期要求后,进入住房交易市场。

供给挤占发挥作用的路径为:①住房保障体系的构建需要大量的资金与土地,在土地供给与社会资金总量存在约束的前提下,保障房供给必然压缩商品房供给空间;②保障房供给增加,必然对商品房市场价格产生抑制作用。基于国际经验,保障房供给对商品房价格产生明显影响以50%为临界点,即在当年新建住房中,保障房数量占比达到50%时,商品房价格会受到显著影响;否则,保障房建设对商品房价格影响程度有限,甚至没有影响①。

综上所述,在我国推动住房保障体系构建的过程中,地方政府是关键投资主体。然而,受地方财政状况的制约及地方政府自身利益的考量,地方政府往往会约束保障房投资或通过变通方式"完成"中央政府下达的保障房建设任务。

---

① 中国改革网:http://www.chinareform.net/con_special.php? id=318

第七章　国外住房保障金融情况及其借鉴

保障房建设资金来源不足，并非是我国独有的情况。由于保障房建设的外部性特征，商业资金进入保障房领域，需要有合适的政策加以引导，在这方面国外一些国家的做法，可以给我们带来积极的启示。

第一节　国外保障房融资情况介绍

保障性住房的融资主体主要包括政府和私人。由于保障性住房具有公共保障属性，私人投资在保障房的融资过程中仅能起到辅助作用，保障房的建设、出售和租赁等环节依旧由政府主导。因此，保障性住房的建设资金来源主要依靠财政拨款。从房屋的需求者来看，保障性住房的购买对象都是中低收入居民，他们的信用评级偏低，很难从银行获得贷款。所以，其他国家也在不断探索如何解决保障性住房的融资建设与出售这一难题。

一、美国保障性住房的融资情况

美国保障性住房的融资情况以 20 世纪 60 年代为分水岭，可以分为两个阶段。第一阶段是 20 世纪 60 年代以前，这一时期的廉租房建设资金全部源自财政拨款。第二阶段是 20 世纪 60 年代以后，以房地产开发商为主的私人资本逐渐进入廉租房建设领域，而此时政府的主要职责则是制定相关配套政策，如租金补偿办法和融资担保政策。

由于美国是典型的发达资本主义国家，其市场化水平很高，习惯于让市场主导资源配置。所以，美国的保障性住房政策特点鲜明，即让市场主导保障性住房的建设,用市场化的手段帮助中低收入居民购买房屋,这是一种市场导向型的政策。换句话说,美国的保障房政策是直接面向中低收入居民和房地产开发商,直接对他们进行资金补贴和银行信用支持,提高中低收入居民的购买力,使他们有能力享受住房福利,同时帮助房地产开发商获得银行的贷款支持。所以,美国的帮扶政策是直接的资金补贴。在保障性住房建设的融资过程中,美国联邦住房局为房地产开发商提供信用担保,帮助其获得银行贷款;美国政府也对开发商提供一对一的税收优惠,调动开发商的积极性。而且房地产开发商出租保障性住房租金的 30% 来自租住房屋的中低收入居民,70% 来自政府的财政拨款,使开发商在收回租金方面没有后顾之忧。这一系列政策措施不但解决了中低收入人群的住房问题,也使开发商"有利可图"。

二、德国保障性住房的融资情况

在德国,建设保障性住房的资金由政府、开发商和中低收入居民共同提供,三者在融资过程中的作用相互交织。

整个保障性住房的建设和出租由德国政府统筹。政府先确定保障性住房的建设区域,然后与房地产开发商签订合作协议,在协议中明确要求开发商将保障房以成本价租给中低收入居民并对此进行监督。除此之外,为了帮助开发商获得建设资金,降低建设成本,政府为房地产开发商提供融资信用担保,使其能够从商业银行获得无息贷款,该项贷款的偿还期长达 35 年左右。开发商在保障房建成之后,需要按照协议以成本价出租给中低收入居民,成本价和市场价之间的差额则由政府财政拨款进行补贴。个人对保障性住房融资的贡献通过加入合作社并定期缴纳会费来实现。缴纳的会费也是保障性住房建设的资金来源之一。而且,德国政府对居民的住房储蓄有一定的奖励政策,即如果该居民将收入存入银行作为住房储蓄,在一定期限之后,政府将会给其储蓄额 10% 的奖励。

根据上文的介绍,在德国的保障性住房建设融资中,随着房地产开发商和中低收入居民的参与,市场发挥的作用越来越重要。因此,在政府、开发商和个人的共同努力下,1949 年到 1979 年的 30 年间,德国新增保障性住房780 万套。1990 年之后,德国政府逐渐减少保障性住房的建设。到 2005 年为止,德国政府共建造保障性住房 1000 万套左右,使得中低收入居民的住房问题得到解决。

三、新加坡保障性住房的融资情况

新加坡是世界上公认的住房问题解决得最好的国家。因为人口密度较大，所以新加坡政府一早就把社会保障政策的着力点放在住房问题上，力求实现"居者有其屋"的目标。目前，新加坡已经建成90多万套保障性住房，解决了80%人民的住房问题，使住房拥有率达到95%，远超世界上其他国家。

如果说美国的保障性住房融资是市场主导型，那么新加坡保障性住房建设的融资可以归纳为政府主导型。在新加坡政府的带头下，中央公积金局、建屋发展局、银行以及个人都参与解决了保障性住房的融资问题。

出台中央公积金制度，由中央公积金局统一管理。自1995年开始实施的中央公积金制度是保证新加坡保障房建设的重要措施，这一制度具有强制性和全面性两个特点。该项制度规定，无论是雇主还是雇员都要按照规定比例上交公积金，公职居民更是需要将收入的40%到50%作为公积金上交，由中央公积金局统一管理。这一规定将居民储蓄集中起来，中央公积金局在留足提款需求后将公积金投资于政府债券，帮助政府形成强大的资金储备。而政府则可以利用这部分公积金支持保障性住房的建设。对购房者而言，中央公积金局推出的"公共住屋计划"直接履行住房金融职能，为购房者提供公积金贷款。换言之，新加坡的中央公积金制度为保障性住房建设提供源源不断的资金支持，为购房者提供住房贷款，是解决保障性住房融资难的重要措施。

政府为建屋发展局提供低息贷款支持，并向购房者提供购房贷款。政府对保障性住房建设的资金支持来源于两个方面，一是通过出售政府债券募集的资金，二是从银行处获得的低息贷款，这为建屋发展局有能力进行大规模的公共住房建设提供了资金保障。对购房申请者而言，政府也会提供购房贷款，提高申请者的购买能力。建屋发展局在政府的领导下直接进行保障房的建设和出租出售，并且根据中低收入家庭的实际情况，按照规定发放住房贷款。

这样，新加坡的保障性住房以中央公积金制度为中心，通过中央公积金制度将公民的储蓄集中起来直接或间接地为建屋发展局提供建设资金，中低收入居民通过中央公积金获得购房贷款来购买保障房，政府统筹整个过程，银行也会提供相应支持，使资金在建房和购房中形成一个良性循环。

四、日本保障性住房的融资情况

日本的住房政策比较关注于改善中低收入居民的住房条件和完善住房保障制度。为了解决保障房的融资问题,日本成立了诸如住宅融资保障协会和住宅金融公库等政策性金融机构。经过几十年的发展,日本的保障性住房形成了以政府财政支持保障房建设为主,以住宅金融支援机构支持保障房的购买、建设为辅的融资结构。

首先,政府提供的财政支持主要有两种形式,一是政府财政拨款,二是财政投资性贷款。前者主要为低收入家庭租住、购买保障房提供资金补贴,后者则是对整备工团房屋的建设进行贷款。此外,在土地供给方面,日本政府采取多种措施保证保障性住房建设的土地供给,如政府采用"土地银行"的做法,购置土地支持保障房建设。其次,住宅金融支援机构为日本保障性住房的购买和建设提供资金支持。当购买(或建设)保障性住房的居民(或单位)无法从银行等金融机构获得贷款时,可以向住宅金融公库寻求资金支持,该机构可以给开发商和购房居民提供固定贷款利率的低息贷款,而且贷款条件优惠,极大地帮助了开发商和购房居民解决资金问题。随着日本金融市场的不断发展,住宅金融支援机构也对私人金融机构的住房贷款收购后打包进行证券化,在资本市场上出售,为保障房建设提供资金支持。

五、法国保障性住房的融资情况

与其他国家不同,法国政府并不将解决中低收入居民住房问题的着力点放在兴建保障性住房上,而是采取"低价租房"的措施,低价出租现有的空置住房给中低收入人群。因由政府控制租金水平,该部分住房租金较低,有些甚至只是市场价格的1/6,而且住房的装修质量过关,周边配套设施齐全,所以极大满足了中低收入人群的住房需求。法国政府的这一举措,不仅在一定程度上解决了中低收入人群的住房问题,同时还降低了房屋空置率,更减轻了政府的财政负担,可谓一举多得。

六、荷兰保障性住房的融资情况

荷兰的保障性住房以公租房为主,国内50%的保障房由各种民间住房协会负责兴建。民间组织建设有公共属性的保障房,如何保障资金来源是一大问题。而荷兰顺利地进行保障性住房的建设,离不开国内完善的贷款担保制度。在荷兰,中央住房基金、社会住房担保基金和住房贷款担保基金为满足保障性住房建设的资金需求打下基础。

社会住房基金(WSW)是由荷兰政府和住房协会共同出资成立,该基金主要为住房协会提供担保,使其能够顺利向银行等金融机构融资。由于有政府担保,在一定程度上能够降低保障性住房的融资成本。中央住房基金(CFV)是由住房协会独立注资成立的,当协会在建设保障性住房遇到融资困难时,该基金则会为其提供无息贷款。与前两个基金不同,住房贷款担保基金(GFOO)主要是面向有住房需求的中低收入居民,为他们提供担保,帮助他们取得低于市场利率的银行贷款。

社会住房基金、中央住房基金和住房贷款担保基金一起构成了完善的三级担保体系,该体系不仅降低了保障性住房的融资成本,也提高了中低收入人群的购买力,覆盖了保障性住房从建设到出售的整个过程。

七、英国保障性住房的融资情况

英国的保障性住房主要由各级政府和住房协会一同建设,其融资问题由政府从土地和资金补助两个方面解决。在土地方面,政府对住房协会的土地转让给予优惠政策,降低保障房建造成本。在资金补助方面,英国中央政府和地方政府给予住房协会资金支持和其他优惠政策来维持协会的正常运转。住房协会是一个非盈利性质的民间组织,主要以低价出售或出租保障房解决中低收入家庭的住房需求。在兴建保障性住房方面,政府以公共支出的方式偿还该协会向住宅公司申请的借款。

第二节　国外住房保障金融实践的借鉴

基于上文的介绍,我们不难看出,不同的国家在解决本国保障房建设中的资金问题采用的方式各有特点。但仔细分析这些国家的保障房金融模式,我们不难得出如下三点启示。

一、住房保障金融问题解决模式

虽然各国解决住房保障问题采用的金融模式不尽相同,但大致可以分为两种模式:封闭型住房保障金融模式和开放型住房保障金融模式。

(一)封闭型住房保障金融模式

封闭型住房保障金融模式(图7-1)将不同收入层级的家庭住房问题隔离开来,由特定机构吸纳特定人群的资金,形成资金池,资金池中的资金或定向投资于保障房建设,或以低利率方式贷款给低收入家庭购置与租赁保障房。决定封闭型住房保障金融模式成败的关键因素在于资金池吸纳的资金量大小是否能够满足资金的实际需求。新加坡的住房公积金制度与德国的互助储蓄制度均属于这一类型(图7-2、图7-3)。

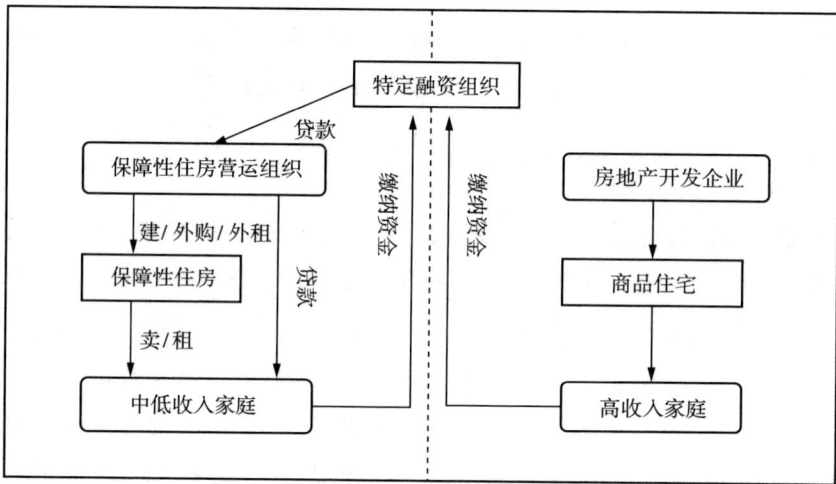

图7-1 封闭型住房保障金融模式

公积金制度是一种强制储蓄制度,员工及其雇主(供职机构)按工资收入的规定比例缴存公积金,公积金存放于员工账户,只能在规定条件下提取与使用。缴存公积金的员工在购房时有权在规定范围内获得公积金贷款,利率水平显著低于商业房贷利率。公积金制度的建立可以快速有效地形成庞大的资金池,用于支持住房建设及其购买。为了实现公积金的保值增值和支持"组屋"建设,新加坡还允许运用公积金购买支持"组屋"建设的长期债券。

从某种意义上说,公积金制度也是一种互助储蓄制度,只不过是一种强制的互助储蓄制度。德国的互助储蓄制度则主要基于市场(利益)机制,通过免税与奖励等方式引导居民参与互助储蓄。

(二)开放型住房保障金融模式

开放型住房保障金融模式与封闭型住房保障金融模式不同,在考虑住房保障资金来源时,它具有更加开放的思路,不拘泥于特定人群,资金来源渠道也更加广泛。住房保障资金可源于中低收入阶层的互助集资,亦可源自社会融资。该模式成败的关键在于如何有效动员社会金融资源进入住房保障领域,由于保障房具有社会公益性特征,其运营收益低于社会投资的平均水平,所以必须要有政府介入,通过政策引导消除住房保障融资的这一劣势。日本的政府补助模式与美国的资本市场保障模式均属这一类型(图 7 - 2、图 7 - 3)。

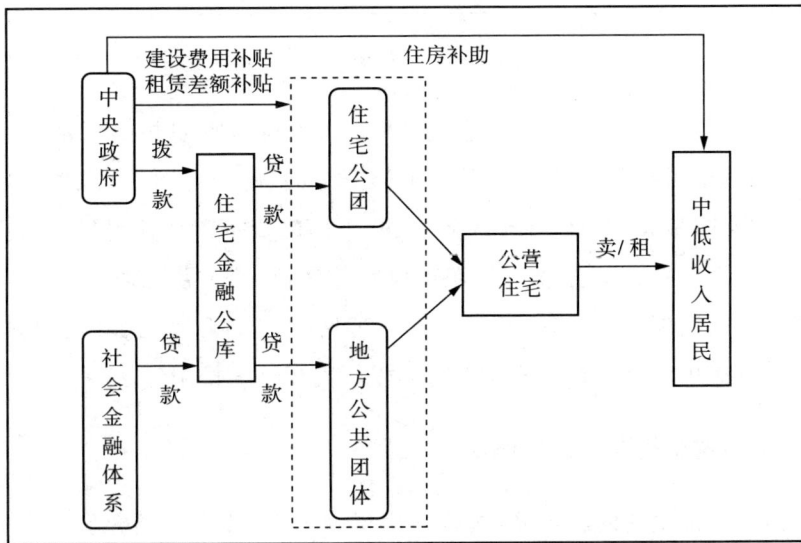

图 7 - 2 日本的政府补助住房保障金融模式

日本的政府补助住房保障金融模式,其补助涉及三个方面的主体:政策性住房金融机构、保障房建设主体及保障房租赁(购买)群体。对保障房租赁(购买)群体的补助提升了中低收入阶层的住房消费能力,进而降低了政策性住房金融机构与保障房建设主体的运营风险;对政策性住房金融机构与保障房建设主体的补助,直接提升了这两类机构的盈利能力和可持续经营能力。

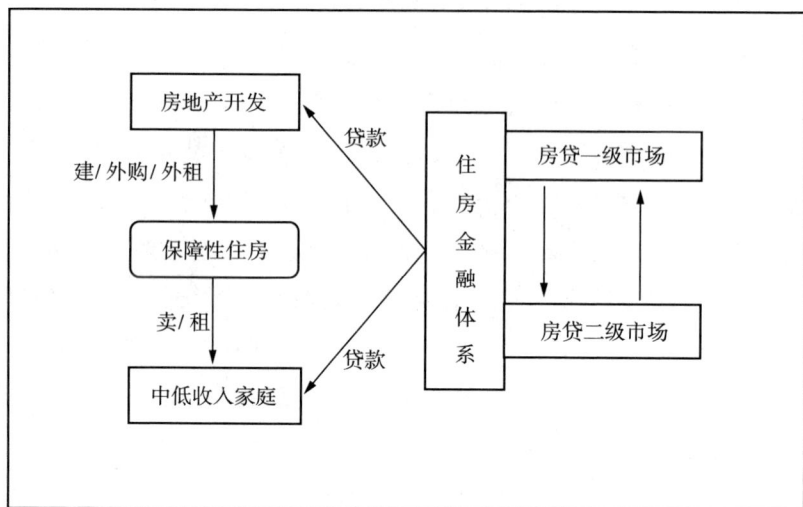

图 7-3　美国的资本市场住房保障金融模式

美国的资本市场住房保障金融模式遵循风险与收益相匹配的市场原则,主要运用市场机制解决住房保障中的资金问题。给中低收入群体发放住房按揭贷款,最大的障碍在于风险问题,美国的资本市场住房保障金融模式通过住房抵押贷款证券化方式实现风险分散,房贷一级市场的金融风险通过二级市场实现转移;同时联邦住房管理局(FHA)和私营保险机构为住房抵押贷款提供保险也在风险抑制方面发挥着积极的作用。

二、政府资金投入的杠杆作用

住房是居民生活的必需品,构建住房保障体系,政府责无旁贷。为了实现"居者有其屋"的目标,政府必须做出积极的努力。但推进住房保障体系建设,需要数量庞大的资金,单纯依靠政府的财政投入往往难以为继。而住房保障体系构建的外部性特征,又使得商业资金不会自然流入该领域,这就需要政策或财政投入进行引导,也就是说,商业资金只有在资金进入该领域获得的自然收益加上政策与财政投入带来的利好达到社会平均投资收益的前提下,商业资金才会向该领域流动。

在这一过程中,政策与财政投入只起着引导作用。在德国,政府的免税与奖励在引导居民参与住房互助储蓄上发挥了极大的杠杆作用,统计结果表明,政府资金运用的杠杆率达到 20 倍,即,1 马克的免税或奖励可以动员 20 马克的住房储蓄。在日本,政府补助有效撬动了社会资金进入住房保障领域。

政府资金引导商业资本进入住房保障领域的基本思路是:降低保障房投资的风险和提升保障房投资收益。美国联邦住房管理局为住房抵押贷款以及通过二级房贷市场实现风险分散与转移等,就是沿着降低风险的思路;日本与德国的减税与补助政策,则是沿着提升收益的思路。不论采用哪种思路,目的就是要用较少的财政投入,引导较多的商业资金进入住房保障领域,最大程度地发挥财政投入的杠杆作用。

三、因时因地选择解决方案

通过上节对七个国家住房保障融资情况的介绍,我们不难看出,各国在解决住房保障融资问题上,虽然具有一些共性特征,但具体方案各有特点。这是因为,各国国情存在差异,经济发展状态也不相同。美、英等国都是老牌资本主义国家,工业化与城镇化经历了上百年的历程,城镇住房保障体系的构建也经历了上百年的时间,因此,它们解决住房保障问题具有较强的共性,那就是在政府资金的引导下,主要通过市场解决住房问题。即便如此,两国的解决方案依然存在很大差异。美国有强大的资本市场,所以美国在解决住房保障融资问题时,主要通过资本市场;英国的资本市场与信贷市场的发展较为均衡,英国就选择了政府引导下信贷资金进入住房保障领域的解决模式。日本在二战以后,出现了严重的住房短缺,需要在较短的时间内,建设大量住宅,日本政府在住房保障方面的参与强度显著高于同期的美、英等国,它建立了政策性住房金融机构,政府主导公营住宅建设,并对保障性住房消费者提供补助。

中国在解决住房保障融资问题时,需要尊重以下两个基本现实:一是中国的城镇化进程快速推进,且城镇化人口规模庞大;二是中国幅员辽阔,各地经济发展与自然状态存在很大差异。基于这两个基本事实,中国在解决保障房融资问题时,既要有统一的政策基础,又需要因时因地选择解决方案。

第八章　国内典型城市保障性住房融资实践及其启示

　　2010 年党的十七届五中全会通过"十二五"发展规划,规划明确提出在五年内建设 3600 万套保障房,使我国保障房覆盖率达到 20% 的要求,并且提出了"十二五"规划实施过程中,前两年各开工 1000 万套,后三年建成 1600 万套的目标。

　　2013 年我国城乡住房建设工作会议报告指出,2013 年计划基本建成我国城镇保障安居工程 460 万套、新开工 630 万套,同时要求 2014 年基本建成城镇保障性安居工程 480 万套以上,新开工城镇保障性安居工程 600 万套以上,其中棚户区改造至少 370 万套。图 8-1 反映了全国保障性住房建设的实际完工情况。

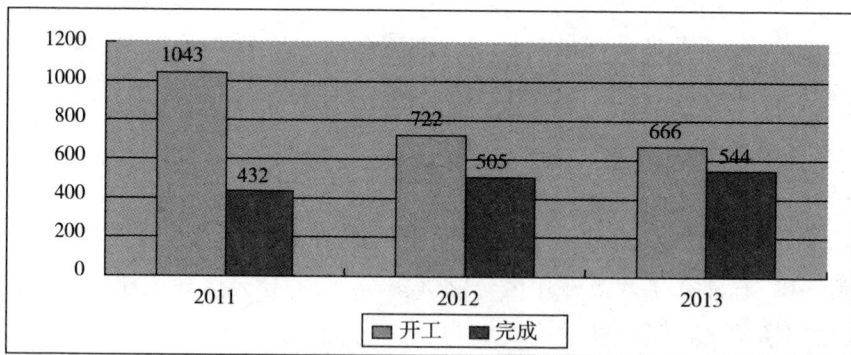

图 8-1　2011—2013 年全国保障房建设开工及完成情况图

　　由图 8-1 可以看出,2011 年至 2013 年,我国保障房建设超额完成任务,保障房的开工数量逐年递减,完工数量逐年递增。出现这种情况是因为房屋的建设完工不能以年度为限,前期陆续积累下来的在建工程需要继续完工,新开工的工程也需要接着建设,实际上,每年建设的保障性住房总量并未减少。不断增加的保障性住房建设总量带来的主要问题就是如何满足保障性住房建设的资金需求。2011 年和 2013 年我国城乡保障性安居工程总投资 2.3 万亿元,根据测算,不考虑通货膨胀因素,完成"十二五"规划要求的 3600 万套保障性住房至少需要 4.68 万亿元。以 2013 年为例,仅 2013 年一年的保障性建设住房资金需求就超过 2 万亿元,而通过财政补贴、保障房出租出售等途径仅能获得约 1 万亿元,依旧有 1 万亿元的资金缺口。

可见,我国保障性住房的资金需求量之大,远远不是能够靠单一的各级政府财政支持所能满足的。如何保证稳定的资金来源是制约我国保障房建设的重要因素。随着保障性住房建设的不断推进,国内很多地区开始探索不同的方法来解决保障房融资难的问题,其中不乏有一些城市的做法值得其他地区借鉴。本报告将以上海、重庆和黄石作为一线、二线和三线城市的代表,考察这三个城市是如何解决保障房建设融资难的问题。其中,上海市主要依靠大型国有企业的专业技术优势、资金优势建设大型社区,重庆主要是通过"3+1"多元化融资来拓宽资金的来源渠道;黄石市则主要通过一系列的制度创新来加快资金周转。这几种模式在一定程度上值得借鉴。

第一节　上海保障房建设模式及其融资实践

一、上海住房保障模式形成背景

上海市是我国经济发展的前沿城市,每年都吸引大批劳动力流入。上海市人口密度大,在 6340.5 平方公里的土地上生活了 2000 多万人。过于稠密的人口和不断地涌入的外来劳动力推高了上海的房价。早在 2009 年,上海市住宅均价就已经超过 2 万元/平方米,这使得上海市中低收入人群背负了沉重的住房压力。

2009 年,上海市规划建设 15 个大型居住社区,并且要求这些社区周边设施齐全,交通方便。15 个大型居住社区中有 6 个以保障性住房为主,包括浦东曹路社区、嘉定江桥、宝山顾村、南汇周康航、闵行浦江、松江泗泾。六大居住社区规划建设用地约 19.33 平方公里,居住用地约 10.77 平方公里,规划居住约 52 万人口。以保障性住房为主的大型居住社区建设工程具有三重属性,民生属性、建设属性和社会属性。相比一般的住宅建设项目,三重属性的工程面临问题会更多更复杂,这无形中给上海市政府施加了压力。由于对工期控制较为严格,如何在要求的时间内协调好各方利益、明晰规划定位、转变建设模式、提高建设效率成为亟待解决的问题。

为了解决上述问题,稳步推进保障房建设,上海市充分利用了区内大型国有企业众多的优势,对口承接保障房建设,依靠大型国企在管理、专业、技术、经验和资金方面的优势,对保障性住房进行合理的统筹与规划,希望能够达到提高建设效率的目的。截至 2013 年 3 月,以保障性住房为主的六大居住型社区均已经全面开工建设。嘉定江桥基地和宝山顾村基地一期工程已完工交付,周康航基地与浦江基地等 4 个基地建设也在有序推进中。表8 - 1 给出了六大居住型社区的基本概况。

表 8 - 1　六大基地概况表

基地名称	所在区	规模	房型	配套、交通
浦江基地	闵行	规划总占地面积约 232 公顷,总建筑面积约 218 万平方米,住宅面积约 174 万平方米,规划总人口约 7.32 万人,规划户数约 2.71 万户,按 6 批次完成	以配套商品房为主,兼少量回迁房,以 2 梯 3 户的小高层为主	天然河流景观,仁济医院南院,向明中学(浦江校区),轨道 8 号线 3 期工程经过
周康航基地	浦东	用地总面积约 2.36 平方公里,导入人口约 5 万人,首期约 25 万平方米,第一批 2012 年 6 月交付使用	一室一厅面积为 55 ~ 60m², 约占 15%;二室一厅面积 75 ~ 80m²,占 70%;三室一厅面积 为 95 ~ 100m², 约占 15%	轨道交通 11 号线周浦东站,2 条公交线路,1 所中学、2 所初中、2 所小学及多处幼托机构

（续表）

基地名称	所在区	规模	房型	配套、交通
曹路基地	浦东	规划用地约5.14平方公里，首期开工约50万平方米，第一批开工项目将于2011年四季度竣工交付	宽栋距、小组团、大景致	区域级（如卖场、学校、医院等）、社区级（如菜场、幼儿园、敬老院、图书馆、健身房等）、组团级（如便利店、干洗店、面包房等）三级公共配套体系
江桥基地	嘉定	项目占地面积约50公顷，规划建筑面积约67万平方米，总投资约30亿元。	采用"大社区、小组团"方式，将社区划分为若干个4至6万平方米不等的邻里小区	弹性停车场地
泗泾基地	松江	规划总用地面积约135.62万平方米，分四批开发2012年交付使用。规划居住人口约3.3万人、1.2万户，住宅建筑面积约为98.39万平方米。	户型面积分别为50m²、70平方米和90m²左右	学校、社区商业、社区体育场所以及福利院等；轨道交通9号线沿线
顾村基地	宝山	118万平方米的住宅建筑	以70m²左右的2室1厅为主，辅以约50m²的1室1厅或2室户，少量90m²的3室1厅	紧靠复旦大学附属华山医院北院，轨道交通7号线直达

二、上海保障房建设模式特征分析

建设六大住宅基地的任务主要包括两个方面，一是如何对旧城区进行合理的改造，二是寻找拆迁房源安置拆迁户。为了推进保障房建设进程，上海市政府利用区内大型国有企业的优势，提出"以区为主，大集团对口大基地"的建设政策，号召上海绿地集团、上海城建集团等五家大型房企承接保障房建设，并从 2009 年起，六大保障房住宅基地陆续开工。在政企合作建设保障性住房的过程中，政府和企业分工明确。政府主要负责统筹整个保障房建设，包括保障房的建设规划，相关政策的制定，寻找房源安置拆迁群众以及对保障房进行定价等。承接建设的国有企业则主要负责从拿地到开发建设整个过程中的具体实施工作。

上海规划的第一批六大基地，具体对口分配情况图 8-2 所示。

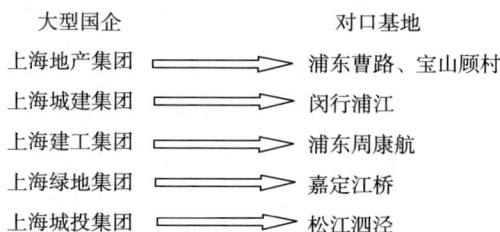

大型国企	对口基地
上海地产集团 ⟹	浦东曹路、宝山顾村
上海城建集团 ⟹	闵行浦江
上海建工集团 ⟹	浦东周康航
上海绿地集团 ⟹	嘉定江桥
上海城投集团 ⟹	松江泗泾

图 8-2　上海大型国企与对口基地示意图

从上海市推进保障性住房建设的模式可以看出，大型房地产国企参与建设大型居住社区对解决现存问题具有以下优势：

1. 总承包优势

大型国企建设大型项目一般采用总承包的方式。该方式的主要优点在于依托大型国企的自身优势，能够有效控制甚至缩短工期、提高社会资源利用效率、保障施工质量。大型国企的工程总承包优势与一般企业相比更明显。

2. 总集成优势

虽然政府在整个保障性住房建设的过程中能够统筹全局，但是大型国企能够依托自身的专业、智力和资金优势，在土地利用规划、整理开发、房屋拆迁、人员安置以及保障房建设等方面配合政府推进工作。在整个项目开展的过程中，大型国企发挥其自身总集成优势表现在事前、事中和事后三个方面。

事前优势表现在大型国企在承接项目前，充分发挥自身在人才、智力和专业方面的优势,对信息进行有效搜集,进而对项目的可行性进行评估,确保规划合理,并从中发掘投资机会,寻找利润来源。事中优势则体现在对整个工程的把控上,保障性住房带有民生属性,在房屋质量、周边配套设施和工期上都有要求,大型国企可以依靠自身的选择能力,挑选专业能力强信誉好的合作伙伴,而且开工初期资金"只出不进",大型国企可以依托其自身雄厚的资金和良好的信誉解决大部分保障房建设的融资需求,减轻政府的财政压力。事后优势在于依托强大的物业管理体系,在竣工之后对工程整体的维护与管理。总的来说,大型国企承担保障性住房社区的建设任务具有总集成优势,依托国企自身各方面的优势来实现降低建筑成本、提高效率,又好又快地完成保障性住房的建设任务。

三、上海住房保障融资模式分析

由于上海市在建设保障性住房的过程中采用是"大企业对接大基地"的模式,所以,解决建设保障性住房的资金问题就落到了各个承建企业身上,他们的融资方式主要包括银行贷款、自有资金和营业利润、住房公积金以及保险基金等。

1. 自有资金与营业利润

一般情况下,保障性住房的资金来源主要依靠政府的财政拨款,上海市保障性住房的建筑工作由大型国企承担,所以融资的重任也就落在了企业的身上。由于保障房开工前期,资金只出不进,大型国企自身资本雄厚,可以利用自有资金解决这一问题,必要情况下甚至使用企业的销售利润弥补资金缺口。例如 2013 年年末上海建工集团的资产总额、货币资金和营业利润分别为 955.9 亿元、269.45 亿元和 16.18 亿元,而上海城投控股则分别为 343.98 亿元、34.74 亿元和 13.79 亿元①。可见,大型国企承担保障房建设,可以依靠自身雄厚的资本负担部分前期支出,而且相关数据显示,保障性住房 20% 的初期投入均由大型国企自己负担。

2. 银行贷款

与其他企业相比,国有企业良好的信誉使其能够比较容易地从银行取

---

① 注:数据来源于该公司 2013 年年报

得贷款,而且授信额度较大,还能享受一定的优惠。例如在建设浦东曹路基地时,上海地产曾获得国开行上海分行等三家银行总计高达约 30 亿的贷款,这也是保障房建设获得的最大单笔贷款。

3. 私募债权融资

随着金融市场的不断发展,越来越多的企业通过二级市场进行融资,而且衍生金融产品进行融资具有成本低、资金量大、使用灵活等特点,因此,在股票市场或者债券市场上通过发售衍生金融产品融资也成为了解决保障性住房资金问题的重要措施。在为浦东曹路基地建设融资时,除了银行贷款,上海地产集团也采用了发行非定向票据的方式。2013 年 8 月通过在银行间债券市场上发行了 13 亿元的非公开定向票据,期限三年,利率 6%,专款专用,成功解决了保障房建设的资金问题。

4. 保险资金或公积金贷款

除了银行业之外,保障性住房的建设也需要其他金融机构的支持。随着保险业的不断壮大,留存在保险公司手中的资金越来越多,保监会也明确表示支持保险资金投资于保障性住房建设工程。在此背景下,太平洋保险集团率先试水,与上海地产集团合作,投资其承建的保障性住房项目,并首期提供 40 亿元的资金。公积金贷款方面,虽然公积金贷款资金量不大,但其利率较低,融资成本较低,聚沙成塔,也能够在一定程度上帮助企业解决融资问题。

第二节　重庆保障房建设模式及其融资实践

一、重庆保障房建设模式

由于在重庆市存在着这样一个特殊的群体,他们的收入水平虽然"低",却不能享受保障性住房的福利,他们的收入水平虽然"高",但是短期内没有自行购房的能力,这个群体被称为"夹心层"。截止到 2010 年,"夹心层"的人数已经占到重庆市总人口的 20%,如何解决这部分居民的住房问题,成为重庆市完善保障性住房体系,解决民生问题的主要任务。为此,重庆市初步形成了"5+1"的保障性住房模式,即在建设公租房的基础上,整合廉租房、经适房、农民工公寓、改造安置房资源,构建"市场+保障"的"双轨制"保障房供给体系,双管齐下地解决和弥补市场供给的缺陷,解决"夹心层"的住房问题。在融资办法上,重庆市采取了以财政投入为主,银行贷款、保险融通和基金融资的"1+3"的融资模式。截至2013年8月,重庆市按计划建成4000万平方米公租房,分配公租房24万套,总计63万人享受到了保障性住房的政策,而这其中,主城区原来的住房困难户、外来务工人员和大学毕业生占总人数近一半,解决中低收入群体的住房问题初显成效。

从重庆市保障性住房的体系和融资模式可以总结出该市在保障性住房建设上的五大特点。

1. 总体建设规模大

保障性住房是民生项目,惠及城市内绝大部分无购房能力的中低收入群体,只有达到一定规模,才能达到保障性住房最初的民生性目的。"夹心层"的存在使得重庆市在建设保障性住房上需要考虑的问题更多,最终决定采取"一盖三"(经适房、公租房与廉租房)的保障性住房建设模式。

2. 规划建设标准高

国内许多城市在保障性住房建设过程中考虑到降低成本的问题,会将保障性住房建在土地价格较低的区域,土地价格较低的区域往往位于城郊,交通不便、周边设施不齐全。这种做法将中低收入群体集中在这一块区域,入住的居民生活不够便捷,无法提高生活水平,也容易造成社会阶层进一步分化,加剧社会矛盾。而且由于保障性住房的售价或租价较低,保障房的建设可能较为粗糙。重庆市在规划保障性住房建设时,充分考虑到这一问题,采用"混建"的模式,将保障性住房和商业楼盘建在一起,并规定了保障房建设的标准,避免了社会阶层的进一步分化,也使入住的居民能够共享周边配套的基础设施,可谓一举两得。

3. 取消户籍限制

重庆市的保障性住房主要解决三类人群的住房问题。其一,刚走上工作岗位且工资较低的毕业生;其二,选择重庆作为工作地的居民;其三,重庆市的住房困难户。为了解决这三类人群的住房问题,重庆市在保障性住房的条件上不区分城乡、户籍等条件,只要满足规定,均可申请。

4. 投融资体系健全

上文已经提及,重庆市保障性住房建设采取了"1+3"的模式进行融资,除了政府财政投入外,积极调动银行、保险、基金等金融机构参与其中,实现出资平衡,保障性住房落成后,用租金等相关收入弥补支出。这一模式符合重庆市的基本情况,融资体系完整健全,既能减轻政府的财政压力,又能够调动金融机构的积极性。

5. 政府主导保障性住房建设且产权公有

重庆市在保障性住房建设上坚持政府的主导地位不动摇,始终坚持保障性住房的产权公有。在统筹保障性住房建设项目时,充分利用土地优势,免费划拨建设用地,极大地降低了建筑成本。在施工方的选择上,选择重庆地产和重庆城投两家政府全资运营的公司负责承建,保证了保障性住房的品质。

二、重庆保障房建设模式特征分析

重庆市保障性住房的建设资金虽然以政府的财政支出为主,但是更需要依靠社会融资的方式解决资金问题。重庆市公共租赁建设资金筹借计划如图 8-3 所示。根据上文的介绍,重庆市保障性住房融资采取"1+3"的模式。

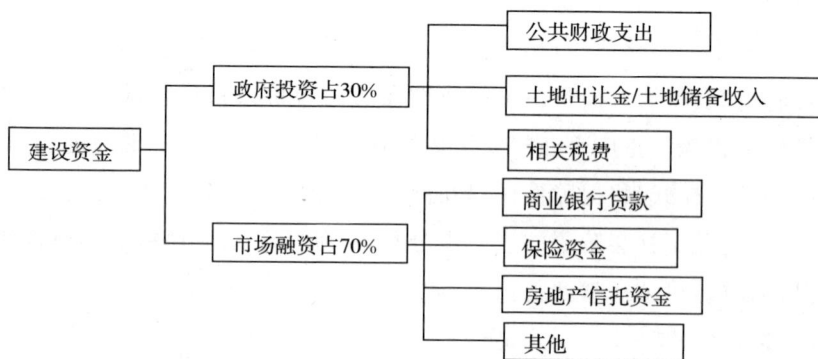

图 8-3 重庆市公共租赁房建设资金筹措计划

"1+3"模式中,"1"指的是政府的财政投入,包括中央的专项拨款、5％的土地出让收益、个人房地产税和地方财政投资。"3"则是社会融资部分,其主要主体是保险公司和基金公司,社会融资的主要形式是各类贷款和债券发行收入。根据 2010 年重庆市的保障房建设计划来看,完成 3 年内建设4000 万平方米保障房的任务大致需要 1000 亿元,而这项工程的资金投入中,政府与社会的比重大概是 3∶7,而政府则通过对保障性住房的运营来实现还本付息,完成资金循环。

表 8-2 重庆公共租赁房融资模式"1+3"

"1"	财政拨款:中央专项资金、地方财政支出、土地无偿划拨、减税和补贴等方式
"3"	租售并举:租满 5 年后公租房出售所得
	按 10％的比例配套商业用房
	其他金融机构融资:银行、非银行金融机构、公积金贷款、发行债券等方式融资
其他	房地产信托投资基金

三、重庆住房保障融资模式分析

重庆市保障房建设的资金来源包括政府和社会两个方面,采取"1+3"的融资模式。例如,2010 年的融资比例如图 8-4 所示。

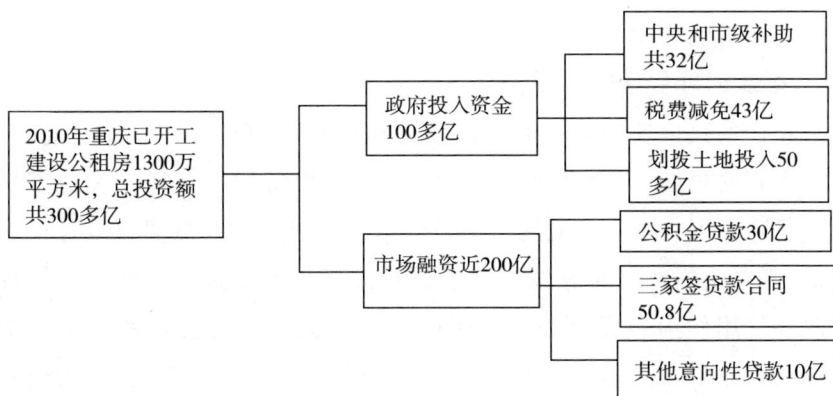

图 8-4 2010 年重庆公租房融资状况

根据 2010 年保障性住房的融资比例可以看出,重庆市建设保障房的资金来源以政府的财政投资为主,社会融资为辅,整合政府与市场两股力量为保障性住房建设提供资金支持。这种做法不仅减轻了政府的财政负担,更加调动了社会的积极性,而且融资主体多,充分实现了风险分散。该市的保障性住房融资特点有以下四点:

1. 利用土地储备降低建设成本

土地成本在房地产建设成本中占比很大,为了降低建设成本,重庆市政府在土地转让中无偿划拨所有保障房建设用地,同时采用减免税费等措施,力求将成本降低到最小。依旧以 2010 年的保障性住房建设为例,重庆市政府免费提供 6200 亩土地用于保障性住房建设,重庆地产与重庆城投储备 30 余万亩土地,相当于为保障性住房建设降低了 200 多亿元的成本,此外,通过减免与土地相关的税费 40 多亿元。重庆市通过这种方式从土地上入手就能降低整个工程的成本。

2. 国有资本的"第三财政"作用

为了给保障性住房建设提供资金保障,重庆市在政府财政投资的基础上,依托国有资本发挥"第三财政"的作用。重庆市在保障房建设投融资模式上借助政府的融资平台,以重庆城投和重庆地产为主,负责保障性住房的开发、投资与建设,并以"谁建造谁拥有"为原则,拥有保障性住房的产权。国有资本进入保障性住房领域能够确保住房的公益性,切实造福于人民群众,也能够降低建设成本,减轻政府财政压力,同时以国企的行为作为标准也能够规范市场内的投融资行为。

3. 金融机构参与融资,构建多层次融资体系

公租房的民生性和公益性决定了其投资量大和资金回笼期长的特点,尤其是工程的早期,资金几乎"只出不进"。公租房的这一特点决定了只依靠政府投入和国有资本不能完全保证公租房的建设以及保质保量保证工期的完成,需要向银行等金融机构寻求信贷支持。由于为公租房建设进行贷款有政府信用作为担保,风险小,所以从金融机构获得贷款并不是一件难事。在此背景下,各金融机构针对公租房的贷款实行优惠利率,并为公租房建设的不同阶段有针对性地设计金融产品或者提供组合方案。此外,相关部门也建立了保障性住房的金融专项统计制度,能够及时关注贷款的发放

情况,对金融机构的参与起到督促作用。

4. 良好的还款保障维持资金循环

为了实现对贷款的还本付息,维持资金的平衡运作,重庆市通过提取5%的土地转让收益、社会保险基金等渠道维持资金平衡,并将公租房落成投入运营后的租金收益和其他收益用于弥补当期资金支出,保证资金的平衡运作。

重庆市在保障性住房融资过程中采用的"1+3"模式,帮助政府降低了财政负担,拓宽了融资渠道,实现了风险分散,为我国其他城市解决保障性住房的资金问题提供了成功经验。

第三节　黄石保障房建设模式及其融资实践

一、黄石保障房建设模式

湖北省黄石市是该省第二个建立的城市,位于长江中游南岸,占地约4583平方公里,人口约243万。黄石市金、钼、钴、石灰石等储量丰富,是中部地区重要原料基地。作为一个老牌工业城市和原料基地,该市面临着经济转型困难、资源枯竭等问题。根据国家统计局的相关数据,黄石市2013年GDP约1144亿元,城镇居民人均可支配收入为21553元,农村人均纯收入为8374元[1],低于同期我国的平均水平。此外,黄石市作为资源枯竭型城市,市容市貌较差,甚至被称为"光灰城市",而且该市面临经济转型难题,经济下行的压力使该市下岗职工增多,收入无法保障,就业问题亟待解决。因此如何妥善安排中低收入居民的住房问题是该市在城镇化进程中一个重要的任务。调查显示,黄石市80%的低收入家庭栖身于棚户区,截止至2010年底,该市共32549户人均居住面积低于住房保障标准,约占黄石市居民总户数的24%[2]。由于该市存在历史欠账,该市保障性住房建设面临资金缺口

---

① 数据来源于黄石市2013年政府工作报告
② 数据来源于新浪网(http://www.sina.com/)

大、工程繁杂、拆迁人员安置等一系列问题。

借着我国"十二五"规划对保障性住房建设作出要求的机会,黄石市重视保障性住房建设工作,积极探索保障性住房融资新模式,并且超额完成任务,增加了我国在棚户区改造上的经验,该模式也被称为"黄石模式"。

黄石市政府将保障性住房建设作为向百姓承诺的十件实事之一。在2010年,该市的"十二五"保障房建设规划和棚户区改造规划中明确提出,要在"十二五"期间兴建保障房和棚户区改造房共70000套,使约七万户中低收入居民的住房问题得到解决,使人均居住面积低于16平方米的中低收入居民享受到住房保障,在总体覆盖面上,黄石市希望在"十二五"期间能使该市保障房的覆盖率达到23%以上。

从2010年开始的两年内,该市的保障房建设进展顺利,各类保障性住房的建设工作有条不紊地展开,其中兴建经适房5400多套,完成棚户区改造约5500多户,通过新建、配建、收购等方式筹建公租房和廉租房共7096套,同时向25726户中低收入家庭发放了租房补贴[①]。2013年新开工保障房共27.03万套,基本建成约22.29万套,分配入住15.12万套,约11.5万户完成农村危房改造[②]。2014年,黄石市新开工各类保障性住房13021套,同时针对低收入住房困难家庭新增500个住房租赁补贴名额。从2010年到2014年黄石市保障性住房建设的推进工作可以看出,该市保障房工程的开工率、完工率和入住率均有所提高,并逐渐实现由建设为主到以建设和管理并重的转变,作为一项民生公益性工程,黄石市保障性住房建设以保障人民群众的福利为目的,力求不断提高群众的满意度。

二、黄石保障房建设模式特征分析

黄石市摸索出了一条住房保障制度,这一制度以公共租赁住房为核心,以"政府主导＋市场化运作＋专业平台"为保障体制,"按照'市场租金、租补分离、分类补贴、以租为主、可租可售、先租后售、租售结合、增租控售'的办

① 汪晗、聂鑫、张安录. 基于差别化土地供应政策的保障性住房建设——以"黄石模式"为案例研究,理论月刊,2013年6月
② 数据来源于黄石市住房保障信息网

法,探索出了'一个篮子归并、一个口子保障、一个通道转换、一个平台汇集、一个杠杆调节'的'五个一'住房保障模式①。"

1. 一个篮子归并,即将各类保障性住房全部纳入公共租赁房的范围。在这种模式下,黄石市并不区分廉租房、经适房、外来务工周转住房等其他种类的房屋,所有符合保障性住房标准的房屋都作为公租房统一管理,统一为需要解决住房问题的中低收入居民服务,极大地保障了房源,保证了市场供给。

2. 一个口子保障,即住房保障中心对保障性住房进行统一管理、分配,试图实现效用最大化,尽可能地为更多的居民解决住房难题。黄石市的住房保障中心将符合租住保障性住房的人群纳入范围之内,不仅满足本市低收入家庭和新就业职工的住房需求,更放宽了户籍的限制,将外来务工人员等非本市户口的中低收入者纳入保障范围,进行配租。无法自行解决住房问题的中低收入居民需要先向住房保障中心提出申请,中心会根据居民不同的收入水平给予相应补贴额,整个流程按照标准运作,公开透明,既保证了保障房需求者的权益,也保证了整个保障性住房体系的平稳运行。

3. 一个通道转换,明确了保障房的产权问题,同时连接了租售两条路径。在保障性住房产权问题上,黄石市第一次提出并使用"共有产权"概念。在拆迁房屋的原址上兴建的保障性住房,还原再建部分属于被拆迁人,超出部分则属于公租房性质,产权属于政府控制的众邦城市住房投资有限公司(下称众邦公司)。对于超出部分,被拆迁人可以选择购买,也可以租住。在保障性住房建设初期,黄石市政府坚持"以租为主,先租后售"的原则,而在中后期则逐渐转变为"租售并举"。黄石市通过共有产权制度,将租售连接起来,增加了保障性住房流转机制的灵活性。

4. 一个平台汇集,即依靠众邦公司全面负责保障房的开发与筹资。众邦公司是由黄石市房地产管理局全资设立的住房投资公司,是该市保障性住房的投融资平台,为该市保障性住房建设、改造和开发提供专业的投融资服务。在为保障性住房融资过程中,除了政府财政拨款之外的资金,由该公

---

① 杨晓波在国家行政学院的讲话,2011 年 7 月 23 日。

司负责融资,通过将各类保障房整合打包给银行申请贷款,或者通过其他渠道筹资,弥补保障房建设的资金缺口。

5. 一个杠杆调节,即让市场租金发挥杠杆作用调节资源配置。市场是一只"看不见的手",在公共资源配置中,除了需要政府发挥直接的调控作用外,还需要市场引导社会资源的流动,让市场"说话"。黄石市保障性住房坚持通过市场确定租金,满足不同住房条件和不同收入阶层的主要需求,让市场发挥作用,调整社会资源的流动方向,避免因其他隐性因素导致的资源浪费。在住房补贴的确定方面,住房的补贴标准并不统一,补贴水平和收入水平成反比,收入越高得到的补贴就越少,并且将制定的补贴标准公开,使资金去向透明,同时避免了政府在保障性住房上产生难以退出的问题。

三、黄石住房保障融资模式分析

由于保障性住房特有的公益性和民生性使得这类项目的投资量大、利润空间小且成本回收期长,民间资本对这类项目的投资热情不高。以公租房和廉租房为例,由于房屋的产权属于政府,而且不能转让,所以承建商只能以租金的方式收回成本,回收期可达 30 年甚至更久。竣工之后的管理、维修、收租等工作依旧需要承建方自行承担,因此民间资本更愿意投资于其他回收快、利润空间大的项目。为了解决保障性住房的融资难题、拓宽融资渠道,通过制度创新、市场化经营和专业平台运作,黄石市成功解决了保障房建设的融资难题,并为其他地区保障房建设融资提供宝贵经验。

(一)通过创新制度保障资金循环

制度创新在黄石市超额完成保障房建设的融资任务中起到了重要作用,主要体现在三个方面。

1. 在公租房的租售之间建立连接机制,增加了对公租房处理的灵活性,加快资金回笼。现行的保障性住房制度存在着一定的弊端,比如它规定经适房只售不租而廉租房只租不售,而且两种保障房保障的人群各有不同,如果满足购买经适房条件的居民无法出资购买时,经适房只得空置,造成了资源的浪费;而居民只能租住廉租房却无法购买,不能拥有产权,无法满足其安居乐业的要求。类似的制度在一定程度上违背了建设保障性住房的初衷,造成了资源的浪费。根据"一个篮子归并"的原则,黄石市不区分保障性住房的种类,统一管理,且根据黄石市出台的相关规定,公租房先租后售且租售并举,租住人对其租住的公租房享有优先购买权。对于同一套保障性住房,甚至可以选择租售结合的方式,在能力允许的范围内,支付一部分购房款,余款在有支付能力的情况下继续支付。这种规定打破了保障性住房租售分离的现状,不仅提高了保障房的使用率,减轻了政府兴建保障房的压力,更节省了社会资源,加快了成本的回收,促进保障性住房建设资金的循环。

2. 出台保障房与商品房双向配建规定,提高投资和居住的积极性,加速资金回流。由于黄石市对保障性住房建设用地采用无偿划拨的措施,因此规划的地块多位于地价较低的郊区,如果在此建设保障性住房,一方面导致保障性住房成片,使社会阶层分化,加剧社会矛盾;另一方面政府也需要重新规划保障房附近的交通路线,建设周边的医院、学校等配套设施。此外,保障房远离市区,不利于维护与管理,商业价值不高,无法吸引私人投资和住房需求者,不利于投入资金的回收。而通过购买或者换置商品房的形式无疑加重了财政负担。在此背景下,为了节省成本同时加速资金回流,黄石市出台保障房和商品房双向配建的规定,直接提出在商品房中配建5%的公租房和在公租房中配建一定比例的商品房的硬性要求。这一规定不仅有利于解决保障性住房不合理布局带来的社会问题,也能够使开发商看到利润,提高他们的投资积极性,更能够让中低收入居民愿意居住保障性住房,从而形成一个完整的资本循环。

3. 产权明晰,提高各方投资积极性。黄石市在《黄石市公共租赁房管理暂行办法》中指出"公共租赁住房实行谁投资、谁持有、谁经营、谁受益的原则,投资者权益可依法转让[①]",明确规定了保障房的产权问题,保障了产权人的利益不受侵害,同时方便了保障房的再处置与收益分配。

(二)通过专业化融资平台进行市场化运作

上文提及的众邦城市住房投资有限公司是专门负责黄石市保障性住房建设管理的非盈利性企业,该企业以公司化的经营、企业化的管理和市场化

---

① 来源于《黄石市公共租赁房管理暂行办法》第十条。

的运作为保障房建设筹集资金,而且黄石市还把土地管理职能赋予众邦公司,以提高融资能力。

　　除了各级政府的财政拨款外,保障性住房建设的资金缺口依靠众邦公司来填补。众邦公司主要通过银行信贷进行融资。由于黄石市将各类保障性住房全部交给众邦公司进行管理,所以该公司将保障房全部整合打包进行抵押。众邦公司有政府信用作为支撑,能够以较低的利率获得银行的资金支持。根据相关统计,黄石市共投入 60 亿元人民币用于"十二五"期间保障性住房的建设,这其中,众邦公司向国开行融资 45 亿元,且前五年只付利息,从第六年开始还本付息。剩余的 15 亿元资金缺口则以政府补贴和众邦公司自筹来弥补。还款方面,众邦公司主要依靠转让土地的增值收益、各类商业设施的经营收益、出租出售保障房的收益等方法保证还款能力。

　　从本书的分析中可以看出,黄石市保障房建设融资仅仅依靠政府和众邦公司,金融创新力度不够,融资渠道少,未能很好地分散风险,但是黄石市成立众邦公司作为保障房建设的融资平台这一做法,仍然值得其他地区借鉴学习。

第四节　典型城市保障房建设及其融资实践的启示

　　本书根据经济发展水平、地理位置和城市规模的区别选取了上海、重庆和黄石三个城市作为研究对象;分析了他们在保障性住房建设融资过程中采用的模式和资金来源;总结了各个城市在保障房融资中的经验。可以看出,这三个城市能够结合城市的区位优势进行创新,因地制宜地完成融资任务。从这三个城市的做法中,我们可以得到下列启示。

一、结合地情选择方案

　　中国是一个幅员辽阔的国家,东、中、西部经济发展状况差异巨大,人口流动呈现动态变化趋势。解决住房保障问题必须结合当地的经济发展与人口变动规律,符合实际前瞻性地科学谋划。别地的经验值得借鉴,但不可照搬照抄,必须结合地情寻找融资渠道、制定融资方案。

二、坚持多元化的融资渠道

作为一项大型的民生性、公益性的项目,保障性住房建设所需要的资金量巨大,单靠政府的支持会带来较大的财政压力。为了减轻政府的财政压力同时保证保障房建设的顺利推进,各地方政府要善于发现自己的区位优势并加以利用;出台相关规定提高私人资本的积极性;借助金融市场的力量,鼓励银行与非银行信贷资金进入保障房建设领域。

三、坚持政府的主导地位

保障性住房是关乎中低收入群体切实利益的项目,既然是一项民生项目,政府应高度重视保障房建设,并起主导作用,统筹全局,不断进行制度创新,引导保障房建设的进程,配合市场引导资源流向,帮助广大中低收入居民实现安居乐业的梦想。保障房建设的其他参与方应该坚持政府的主导地位不动摇,积极参与、配合保障房建设并敢于承担相关责任。

四、坚持制度创新增强活力

马克思主义哲学告诉我们要用发展的、变化的眼光来看待事物。社会在不断进步,经济在不断发展,相应的各项政策制度也需要因时制宜地进行调整和创新。保障性住房政策也是如此,一味地沿用传统的政策不仅不能够促进保障房建设的进程,更有可能使其停滞不前。因此,应该以借鉴其他国家和地区的成功经验为基础进行创新,寻找更合适的制度。

五、科学运用政策调节

保证资源配置是保障性住房建设的重要支撑。作为一项民生项目,不能仅仅依靠市场来调节资源配置。如何运用政策科学调节资源配置,确保政府调控获得最佳效果,确保资源的合理使用,也是十分值得思考的问题。

第九章 中国住房保障融资的基本路径及其创新

住房保障对于推进中国的经济发展及城镇化进程意义重大,由于我国的城镇化进程起步晚、速度快,所以构建住房保障体系在单位时间内的资金投入密度大,完全依赖政府的资金投入很难达到预期保障效果,必须科学引导社会资金投入住房保障领域。但保障房的自身特性决定着它对社会资源没有天然的吸引力。因此,如何科学引导社会资源特别是金融资源流入住房保障领域,解决住房保障资金短缺问题,事关我国住房保障体系构建的成败。本章我们将运用灰色目标决策方法分析中国住房保障融资的基本路径,在借鉴国内外成功经验的基础上,提出我国住房保障融资创新的基本思路,并阐述住房保障融资创新的具体方法。

第一节 中国住房保障融资的基本路径

中国住房保障体系构建的融资负荷是政府无法完全承载的,住房保障体系构建过程必须得到社会资金的支持。通过何种路径获取社会资金能够实现最佳支持效果,需要政府的决策与引导,各地政府应当根据当地情况,依据决策目标,找出住房保障融资的合理路径。

一、基于灰色决策的住房保障融资路径描述

灰色系统决策方法是在信息不充分的条件下,充分利用已有信息,对非确定条件下的问题进行决策分析。灰色分析方法构成要素为目标、事件、对策与效果。事件其实是对决策面临的情况预设,预设的情况越多,说明对决策问题的考虑越全面、越细致。

住房保障融资决策是一个动态过程,多种因素影响着融资决策结果。

这些因素包括宏观经济运行情况、住房保障现状、房地产市场状况及金融市场发展状况等。在这里,我们没有考虑政治环境、社会文化及法律环境变迁等因素,这是因为我国正处在长期和平发展的历史时期,政治稳定,虽然社会文化及法律环境也处于发展变化的过程中,但其发展变化是一个长期渐进过程,在分析住房保障融资问题时,可将其视作稳定的变量。2008 年的国际金融危机对世界经济发展产生了巨大影响,西方各国经济陷入低迷,与此同时,中国经济在经历多年的快速发展之后,也进入了新常态,经济增速降低,发展面临的环境不确定性增加。多年来,房地产业是中国经济的支柱产业之一,同时房地产业的发展还带来了地方政府对土地出让收入的依赖。虽然,理论界对我国住房价格高企的问题诟病颇多,政府也从未放弃对房地产业的调控,但调控效果不佳。而房价的高低直接关系着人们对住房的购买能力,决定着保障房的需求数量,进而决定着住房保障融资负荷。同时,以何种方式提供住房保障,也在很大程度上决定着住房保障融资负荷及负荷的时间分布。目前,政府主要通过出售与租赁两种方式向中低收入家庭提供住房保障,通过出售方式提供的保障房主要包括经济适用房和两限房等,住房产权归于购买者;通过租赁方式提供的保障房有廉租房和公租房。基于产权视角,住房保障可通过新建、外购与出租方式实现。在商品房市场存在大量空置房(基于投资目的购买的商品房从本课题的分析目的出发可视作空置房)的背景下,考虑到充分利用资源的需要,可以通过合理路径转化为保障性住房,实现的路径为外购或外租。假定通过外购与外租方式可实现 40% 的住房保障,通过廉租房(公租房)实现住房保障的分界线为 50%,于是,我们有如下的 8 个事件描述:

事件 1:GDP 快速增长、市场房价抑制明显、廉租房占比低于 50%,记作 a_1;

事件 2:GDP 快速增长、市场房价抑制不明显、廉租房占比低于 50%,记作 a_2;

事件 3:GDP 增速下滑、市场房价抑制明显、廉租房占比低于 50%,记作 a_3;

事件 4:GDP 增速下滑、市场房价抑制不明显、廉租房占比低于 50%,记作 a_4;

事件 5:GDP 快速增长、市场房价抑制明显、廉租房占比高于 50%,记作 a_5;

事件 6:GDP 快速增长、市场房价抑制不明显、廉租房占比高于 50%,记

作 a_6；

事件 7:GDP 增速下滑、市场房价抑制明显、廉租房占比高于 50%，记作 a_7；

事件 8:GDP 增速下滑、市场房价抑制不明显、廉租房占比高于 50%，记作 a_8。

当前，我国的保障房建设主体既有地方融资平台，也有房地产开发公司。保障房建设资金在很大程度上依赖于财政拨款及补贴，住房保障体系构建过程对社会融资的利用不足。为了分析问题的简便，我们将住房保障融资的基本路径设定为以下三个：

路径 1:通过银行融资，记作 b_1；

路径 2:通过资本市场融资，记作 b_2；

路径 3:通过内部集资，记作 b_3。

分析融资方式的优劣标准包括财政资金的杠杆效应、融资强度、融资效率、资金成本、用途及期限灵活性等。

以上我们明晰了住房保障融资灰色多目标分析中的事件、对策与目标，为下面开展路径分析奠定了基础。

二、基于灰色决策的住房保障融资路径分析

运用灰色多目标决策方法分析住房保障融资路径，需要建立局势矩阵，测度效果矩阵，对效果矩阵进行标准化处理，按目标权重计算综合效果矩阵，作出最优决策。具体过程如下：

(一)建立局势矩阵 S_{ij}

住房保障融资事件集 $A=\{a_1,a_2,a_3,a_4,a_5,a_6,a_7,a_8\}$，融资路径对策集 $B=\{b_1,b_2,b_3\}$，局势集 $S=\{s_{ij}=(a_i,b_j)\mid a_i\in A,b_j\in B\}(i=1,2,3,4,5,6,7,8;j=1,2,3)$。

(二)建立效果矩阵 $u_{ij}^{(k)}$

分析决策效果，首先需要建立效果评价指标体系，根据上文，我们将财政资金的杠杆效应、融资强度、融资效率、资金成本、用途及期限灵活性等纳入评价指标，根据每一指标的相对重要性赋予权重。显然政府资金引入强度对于住房保障融资效果的实现最为重要；政府资金的杠杆效应、融资效

率、多元融资主体的协同效应发挥、资金期限及灵活性也很重要；由于引入
社会资金，需要遵从成本与收益对应的原则，因此资金成本对效果的影响次
于以上指标；资金用途可用于新建、购买或承租保障房，对于保障融资效果
也会有一定影响。为此，我们建立的评价指标体系如表9－1所示。

表9－1　住房保障融资路径决策评价体系

评价目标	政府资金杠杆效应	政府资金引入强度	资本成本	融资效率	期限灵活性	用途灵活性	协同效应
单位	定性	定性	百分比	定性	定性	定性	定性
权重	0.15	0.25	0.1	0.15	0.15	0.05	0.15

　　决策采用 AHP(Analytic Hierarchy Process)分析方法，在建立评价指
标体系的基础上，针对每一局势 S_{ij}，评估对应效果 r_{ij}。假如评价目标为第 k
个，其对应效果为 $u_{ij}^{(k)}$。不同局势下各目标效果值见附录2。

　　(三)计算一致性效果测度矩阵

　　量化局势效果是局势决策核心环节，量化后的数值要进行标准化处理。
住房保障融资路径决策的效果测度矩阵计算过程如下：

　　1. 测度上限效果

　　在决策目标为效益型目标的条件下，效果数值越大越好，测度公式为：

$$r_{ij}^{k} = \frac{u_{ij}^{k}}{\max_{i}\max_{j}\{u_{ij}^{(k)}\}}$$

　　住房保障融资路径效果测度中，政府资金的杠杆效应、融资效率、多元
融资主体的协同效应发挥、资金期限及用途的灵活性为效益型目标。

　　2. 测度下限效果

　　在决策目标为成本型目标的条件下，效果数值越小越好，测度公式为：

$$r_{ij}^{k} = \frac{\min_{i}\min_{j}\{u_{ij}^{(k)}\}}{u_{ij}^{k}}$$

　　住房保障融资路径效果测度中，资金成本为成本型目标。

　　通过以上两个公式完成的效果测度 r_{ij}^{k} 满足 r_{ij}^{k} 无量纲、$r_{ij}^{k} \in [0,1]$。r_{ij}^{k} 越
大，表明效果越理想。住房保障融资路径效果测度数值见附录3。

(四)计算综合效果测度矩阵

根据一致性效果测度矩阵与各指标权重计算综合效果测度矩阵 **R**。计算公式为：,$r_{ij} = \sum\limits_{k=1}^{k} \eta_i r_{ij}^k$

住房保障融资路径综合效果测度矩阵结果为：

$$
\boldsymbol{R} = \begin{bmatrix}
0.7738 & 0.8556 & 0.7167 \\
0.7794 & 0.7167 & 0.7794 \\
0.6444 & 0.7056 & 0.7611 \\
0.8300 & 0.6849 & 0.7500 \\
0.6849 & 0.7500 & 0.6111 \\
0.6738 & 0.7189 & 0.7944 \\
0.6389 & 0.7078 & 0.6389 \\
0.7078 & 0.5627 & 0.6278
\end{bmatrix}
$$

(五)决定最优局势决策

综合效果矩阵中的行表示事件,列表示对策。局势决策可以分为行决策和列决策。

行决策确定不同事件的最优对策。在行决策中,针对某一特定的事件 a_{i^*},若 $r_{i^*j_0} = \max\limits_{j} r_{i^*j} = \max[r_{i^*1}, r_{i^*2}, \cdots, r_{i^*n}]$,则 $r_{i^*j_0} = (a_{i^*}, b_{j_0})$ 为最优决策局势,对策 b_{j_0} 是事件 a_{i^*} 的最优对策。

列决策确定同一对策对应的最优事件。在列决策中,针对某一特定的对策 B_{j^*},若 $r_{i_0j^*} = \max\limits_{i} r_{ij^*} = \max[r_{1j^*}, r_{2j^*}, \cdots, r_{nj^*}]$,则 $r_{i_0j^*} = (a_{i_0}, b_{j^*})$ 为最优决策局势,事件 a_{i_0} 是与对策 B_{j^*} 对应的最优事件。

住房保障融资路径决策的目的在于针对不同局势选择最佳融资路径,所以应当选择行决策。

根据住房保障融资路径决策综合效果测度矩阵可得出住房保障融资路径决策(表9-2)。

表9-2 住房保障融资路径决策

事件	a_1	a_2	a_3	a_4	a_5	a_6	a_7	a_8
对策	2	1	3	1	2	3	2	1

即在 GDP 快速增长、市场房价抑制不明显、廉租房占比低于 50％，GDP 增速下滑、市场房价抑制不明显、廉租房占比低于 50％，GDP 增速下滑、市场房价抑制不明显、廉租房占比高于 50％这三种情况下，住房保障融资的最佳决策路径为通过银行融资。

在 GDP 快速增长、市场房价抑制明显、廉租房占比低于 50％，GDP 快速增长、市场房价抑制明显、廉租房占比高于 50％，GDP 增速下滑、市场房价抑制明显、廉租房占比高于 50％这三种情况下，住房保障融资的最佳决策路径为资本市场。

在 GDP 增速下滑、市场房价抑制明显、廉租房占比低于 50％，GDP 快速增长、市场房价抑制不明显、廉租房占比高于 50％这两种情况下，适度的内部筹资方式不失为一种合理的选择。

第二节　中国住房保障融资拓展的基本思路

上文分析中国住房保障融资路径选择时，隐含着一个假定前提，那就是假定政府在将金融资源引导至住房保障领域时不存在技术问题，无论采用银行融资路径、资本市场融资路径还是内部集资路径，政府均能进行适当引导，使金融资源顺利进入住房保障领域。然而，在现实经济生活中，商业金融资源在配置过程中，需要遵循"安全性、收益性、流动性"相结合的原则。住房保障融资特别是新建保障房融资往往周期长，风险也较大，如果不通过某种方式解决这一问题，住房保障融资实践中的技术问题是难以避免的，西方一些国家特别是美国，主要通过开辟住房保障融资二级市场来解决这一问题，取得了相对成功的经验，这也为我国住房保障融资路径的拓展提供了一个基本思路。

一、住房保障融资路径的拓展

前面已经分析过，要引导商业资金进入住房保障领域就必须做到资金收益与风险的相互匹配。因此，对于住房保障融资而言，提高资金收益、降低资金风险是促进商业资金进入该领域的基本思路。提高资金收益的基本路径包括:提供免费或价格较低的土地、财政补贴等。在地方财政高度依赖土地出让收入的现实约束下,降低住房保障投资风险对于引导资金进入住房保障领域是至关重要的。

由于我国住房保障融资以银行融资路径为主,下面就以银行融资路径为例,介绍融资路径的拓展。拓展的基本做法是"银行贷款＋资本市场运作",下面我们以中低收入家庭贷款购买保障性住房为例,说明融资拓展的具体流程,如图 9 - 1 所示。

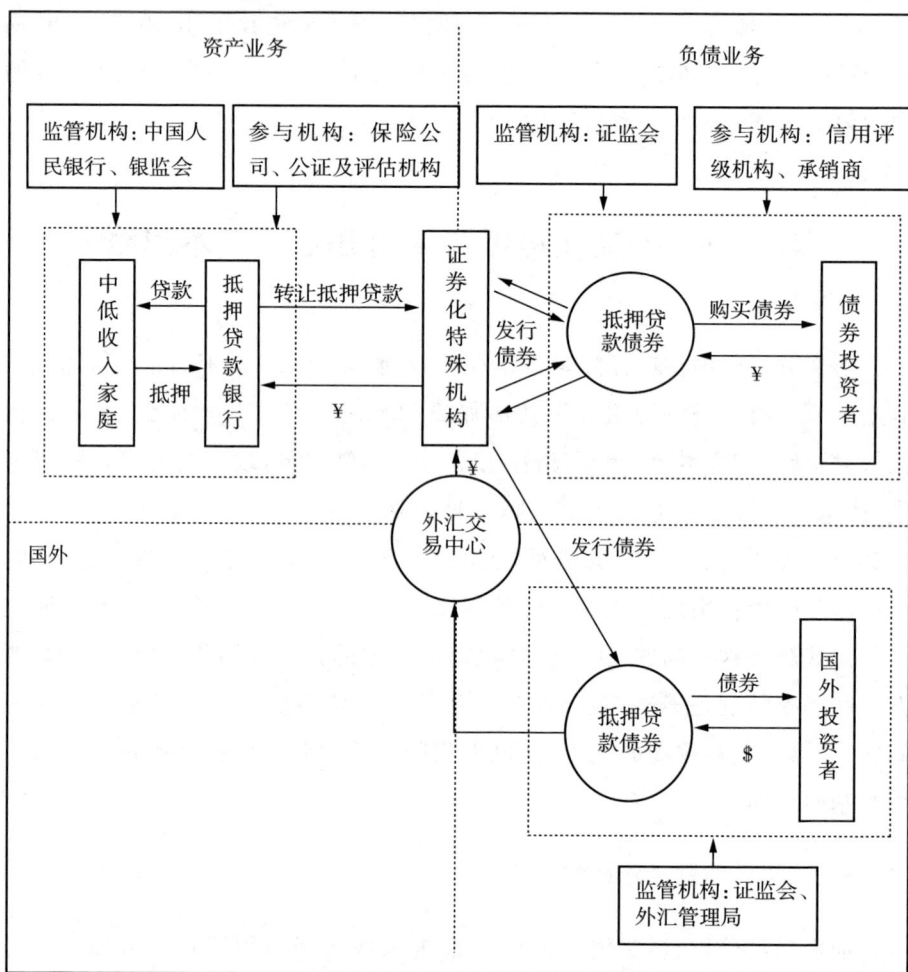

图 9 - 1　中国住房保障银行融资路径拓展流程

第一步,中低收入家庭向银行申请住房抵押贷款购买保障房,贷款银行鉴于借款人偿还能力较低的现实,申请公证机构或评估机构对借款人进行资产核实,借鉴违约掉期的思路,购买信用违约险。

第二步,贷款银行打包出售住房抵押贷款。银行将住房抵押贷款打包出售给特设机构(SPV,Special Purpose Vehicle)。在此过程中,银行的身份从资金出借人变成了中介人,实现了贷款风险转移。

第三步,特设机构对其所取得的住房抵押贷款进行证券化处理。SPV将保障房抵押贷款与其他金融资产打包,并通过多种方式实现对资产包的信用增级;遵循贴现的基本思路对资产包进行证券化设计;将证券化资产出售给国内外投资者。

向国内投资者出售证券化资产,需要通过证监会的发行审核,审核通过后,由信用评级机构对发行证券进行等级评定,再由证券承销商完成出售;向国外投资者出售证券化资产,需要证监会和外汇管理局通过政策法规对该类交易进行管理与规范。

二、融资路径拓展需注意的问题

在拓展住房保障融资路径时,要注意如下四个方面的问题。

(一)融资路径拓展要遵循流程化思路

当前,我国经济金融环境较以往更加复杂,在金融需求旺盛的背景下,金融创新既要抓住机遇,又要审慎推进;既要关注效率,又要严控风险。住房保障融资路径拓展要按照先简单后复杂、先局部后整体的渐进思路推进。

(二)融资路径拓展要遵循法治化思路

以住房抵押贷款证券化为例,借款人将所购住房抵押给贷款银行,抵押房屋就成了证券化产品的"最后保全措施"。于是,健全产权制度,明晰抵押人和抵押权人的责任关系,就成为该路径拓展能否取得成功的关键。

(三)融资路径拓展需要政府支持

政府支持主要体现在两个方面:一是政策法规的支持、二是资金与信息支持。以住房抵押贷款证券化为例,需要政府对抵押贷款证券化产品的交易给予一定的税收优惠;需要政府通过政策赋予证券化产品流通的便利。

（四）融资路径拓展需要多元化投资主体

仍以住房抵押贷款证券化为例，商业银行、投资银行（债券公司、各类基金等）、保险公司及居民个人均可以成为证券化产品的投资人。投资主体多元化，一方面可以扩大资金来源范围；另一方面也可以拓展风险分担主体。

第三节　住房保障融资模式创新

政府在我国保障性住房建设中起着主导作用，资金主要来源于财政投入与银行信贷等，只有在一些保障性住房发展比较成熟的城市，才通过金融创新工具进行融资用以建设保障房，在此介绍并分析创新融资模式在住房保障领域的应用。

一、PPP 模式

（一）模式简介

PPP(Public - Private - Partnerships)模式，一般是政府在受自身财力制约的前提下，为顺利推进公共设施或公共服务供给，与私营组织间通过签订协议的方式联合开发基础设施或增加公共服务供给的运营模式。政府与私营组织签订协议的目的在于明确双方的责权利，保证双方合作顺利，保证私营组织盈利需求和政府增加公共产品供给需求的同时实现。

PPP 模式的运用以政府与私营组织签订特许权协议为基础。通过签订特许权协议，政府与私营组织间确立起合作关系，并将其部分职责转嫁给私营组织。PPP 模式使得政府与企业成为特定项目的联合开发主体，一方面可以减轻财政负担，另一方面可以降低私营企业的运营风险。

保障房属于准公共物品的范畴，PPP 模式可以作为发展保障房建设的有效措施。

（二）PPP 模式分类

PPP 模式分类一般可分为外包类、特许经营类和私有化类三种（表 9 -

3）。

表 9-3　PPP 运营模式一般分类

分类	特点	产权	收益	风险
外包类	政府投资,私人组织承包	项目的资产最终归政府部门保留	私人组织收益来源于政府付费	私人组织承担的风险相对较小
特许经营类	私人组织参与部分或全部投资	项目的资产最终归政府部门保留	私人组织与政府部门分担收益	私人组织与政府共同承担风险
私有化类	私人组织负责项目的全部投资	项目所有权永久归私人组织拥有	私人组织向用户收费实现收益	私人组织承担的风险最大

　　外包类 PPP 项目,顾名思义,是政府将部分基础设施建设、公共服务供给或公共产品运营任务外包给私营组织。一般而言,私营组织参与外包类 PPP 项目,其收益来源为政府付费,因此它们参与此类项目的风险较小。在住房保障领域中,如将部分保障房开发建设任务外包给企业或将廉租房的后续经营管理事务委托给企业等。

　　特许经营类 PPP 项目,以政府与私营组织签订特许权协议为基础,特许权协议是政府与私营组织共担风险、共享收益的法律文书。私营组织参与特许经营类 PPP 项目,一般要承担项目的部分甚至全部投资。特许经营类 PPP 项目实施成功的关键在于确定项目公益性与私营组织盈利诉求的平衡点。政府通过向盈利能力较强的项目收取特许经营费或对盈利能力不足的项目给予一定补偿的方式维系这种平衡。特许经营类 PPP 项目通过特许权协议确立了政府与私营组织的紧密联系,在项目实施中可以充分发挥两个主体的各自优势,有利于成本节约与公共品供给质量的提升。特许经营类的 PPP 模式经常用于保障房建设中。

　　私有化类 PPP 项目,顾名思义,政府对此类项目的参与仅以监管者出现。项目的建设和投资全部由私营组织完成,项目建成后,项目的所有权与经营权始终归私营组织所有,私营组织通过向公共产品与服务对象收费的方式回收成本并实现利润。显然,私营组织参与私有化类 PPP 项目,风险需要独自承担,因而是最大的。

(三)PPP 项目融资特点

1. 投融资渠道多元化

PPP 模式的运用,能够有效动员商业资金进入公共产品与公共服务供给领域,为政府机构职能的实现提供了更加广泛的资金来源渠道。按照现行相关制度,地方政府不得通过银行贷款方式获取资金来源,PPP 模式的使用,不仅可以动员私营组织的自有资金,还可以通过它们从金融机构获取资金,来增加公共产品与服务的供给。同时,私营组织的参与,对于改进公共产品与服务的技术与管理,也有着十分重要的意义。

2. 利于成本管理

以采用 PPP 模式开发建设保障房为例,在项目实施初期,政府部门与私营组织共同研究项目的可行性,可以同时发挥政府对行政事务熟悉的优势和私营组织的专业优势,使可行性论证更加充分,进而有利于缩短项目准备时间,降低项目前期费用。进入项目开发阶段,政府的行政能力和开发商融资与专业优势可以充分结合,确保开发过程的顺利进行与按期竣工。所以,采用 PPP 模式开发建设保障房,可以在提升开发建设效率的同时,有效降低开发建设成本。相关资料显示,相较于政府直接组织开发保障房,PPP 模式的运用,成本降低可以达到 10% 以上。

3. 合理风险配置

运用 PPP 模式,建设项目风险由政府与私营组织分担。项目实施初期,双方就会依据项目未来的现金流与盈利预期数量及其稳定性,确定双方的责任与利益,通过调整责任与利益分配比例,可以实现私营组织参与 PPP 项目收益与风险的平衡。风险配置合理性的提升,又为私营组织从商业银行贷款提供了有利的条件。

4. 实现优势协同

PPP 模式的运用,使得政府在公共设施建设与公共服务供给中的角色从建设和提供主体转向参与和监督主体,私营组织的进入,可以实现"1+1＞2"的效果。双方发挥各自优势,政府降低了财政负荷,私营组织获得了商业机会与利润,公共产品与公共服务供给增加,供给效率有效提升。

(四)PPP 模式在保障房建设领域的应用

运用 PPP 模式开发建设保障性住房,政府部门与私营组织是直接的合作主体,为了保证项目开发、建设乃至后续运营的顺利进行,往往还需要成立 PPP 项目公司。此外,为项目提供资金的商业银行及参与建设的建筑公司等作为项目的利益相关机构,在项目实施的过程中均发挥着不可或缺的作用。保障房开发建设 PPP 模式一般流程如图 9-2 所示。

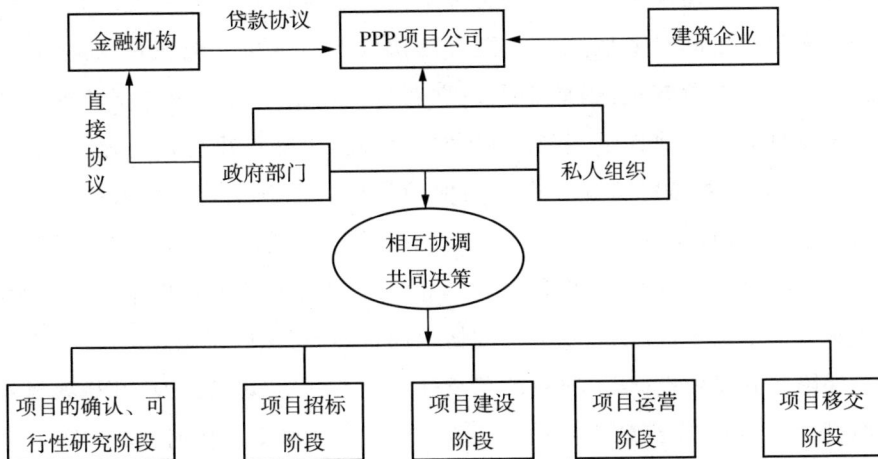

图 9-2　保障房开发建设 PPP 模式一般流程

保障房开发建设 PPP 项目前期的可行性论证工作由政府部门与私营机构共同参与。除了评估项目建设的必要性和项目选址的合理性等一般要素,重要的是评估项目融资的可行性及风险与收益分配的合理性等。一般而言,政府部门往往不愿意承担太多的风险,因此在方案设计时,往往将参与 PPP 项目的私营组织设计为风险的主要承载者。当然,不同的开发项目有着不同的风险。对于风险较大的项目,政府在与私营组织合作开发时,为了让私营组织承载主要风险,就必须给予私营组织更多的政策支持,赋予其更大的盈利空间。只有这样,才能顺利推进 PPP 模式的实现。

保障房开发建设 PPP 项目的招标工作。政府是招标的组织主体,在比较多个投标机构标书的基础上确定中标机构。中标单位确定后,政府与中标机构共同设立 PPP 项目公司,以合约方式确定双方的权利和义务。PPP项目公司是 PPP 项目的执行机构,也是 PPP 模式中政府与私营组织的联合体。PPP 项目从资金融通到开发建设再到后续运营管理直至完成最后交接，均由 PPP 项目公司完成。

保障房开发建设 PPP 项目的建设。建设过程由 PPP 项目公司负责执行。在此过程中，政府部门必须履行其监督职能，监督职能的履行要覆盖整个建设过程，以强化监督确保保障房建设能够达到设计要求，一是要确保保障房建设质量达到规定要求，二是要确保保障房配套设施完备。

保障房开发建设 PPP 项目的运营工作。原则上说，在后续运营阶段，政府与私营组织之间只要按照原先签订的协议执行即可。但在现实运行中，双方发生分歧在所难免，因此必须建立双方共同协商机制。在不改变运营计划原则性规定的前提下，双方一旦发生分歧，以特许权协议为基本依据，求同存异，确保保障房的顺利运营与保障目标的顺利实现。导致政府与私营组织发生分歧的重要因素在于，保障房运营收益低，双方确定的运营时间长，一些租赁型住房的运营期甚至长达 30 年。在如此漫长的时期内，必然会产生很大的不确定性，因此双方订立协议时，应当将该因素纳入考虑范畴。

保障房开发建设 PPP 项目的移交工作。保障房开发建设 PPP 项目运营期满后，需要移交给政府部门。一般来说，执行移交工作时，参与 PPP 项目的私营组织通过前期运营已收回全部成本并获得了预期收益，这往往也是 PPP 项目公司顺利执行移交工作的前提。政府部门在交接后获得保障房的后续运营权。

前面我们描述的是保障房开发建设 PPP 项目的一般流程，如果是经济适用房或两限房建设运用 PPP 模式建设，则流程会发生一定的改变，后续的运营管理不复存在，而移交的主体也不再是政府部门而是保障房购买者，关于这一点在随后的章节中予以说明。

二、BOT 模式

（一）模式简介

BOT（Build - Operate - Transfer），即"建设-经营-转让"模式，是政府为了增加基础设施或其他具有公共属性的产品供给采取的引入商业资本的另一种模式。采用 BOT 模式时，首先是政府与私营组织达成协议，并将特许经营权颁发给私营组织，私营组织在获得特许经营权后，即开发建设目标基础设施,建成后在一定时期内通过基础设施运营,收回成本并获取合理利润。运营期满,政府收回项目所有权。

（二）实现方式

BOT 模式在实现的过程中,可以采取 BOT、BT、BOOT 与 BOO 等不同方式。

1. BOT 方式

是 BOT 模式实现的标准方式,整个过程包括建设、经营与移交三个阶段。在此方式下,开发商完成项目的开发与建设,继而在一定时期内保有项目的经营权,期满后将项目移交给政府。

2. BT(Build – Transfer)方式

它由 BOT 方式衍生而来,与 BOT 方式相比,它缺少了由开发商运营项目这一流程,即在开发商完成项目开发建设后,就将项目的所有权及经营权移交政府,由政府组织项目的后续运营。开发商开发成本的回收及其利润实现,可以有两种路径:一是移交时,政府采用一次性购买形式;二是政府通过后续经营中获得的资金回流,分阶段对开发商进行支付。BT 方式与 BOT 方式相比,其适用面更广,对于那些基于战略或安全考虑必须由政府运营的项目同样适用。

3. BOOT(Build – Own – Operate – Transfer)方式

与 BOT 方式不同的是,私营组织在完成基础设施建设后,在一定时期内,不仅拥有项目的经营权,同时还拥有项目的所有权。协议期满后,项目无偿移交政府部门。这种方式,从产权安排的视角,更有利于消除开发商的后顾之忧。

4. BOO(Build – Own – Operate)方式

显然,这种方式与 BOOT 方式十分接近,两者的差异之处在于,BOO 方式没有移交的过程。开发商在项目建设完成后,取得项目所有权并可以长期经营,这种安排进一步调动了社会资本参与基础设施建设的积极性。

（三）融资特点

1. 融资决策的项目导向

传统融资方式是资金供给者根据资金需求者的资信状况作出是否向其提供资金支持的决策,资金需求者在获得借款后,对于资金的使用有完全的自由裁量权,待借款到期,借款人必须偿还全部债务。BOT 项目融资与此不同,它以目标项目为融资主体,资金供给者是否出借资金决策的主要依据是目标项目的未来现金流状况,借款人必须将所融得的资金运用于目标项目,其还款义务的履行也以项目的未来收益为限。

2. 债权人对债权的有限追索

一般情况下,如果债务人对到期债务不能还本付息,则债权人对债权的追索,不以抵押物为限,即有权要求债务人动用其他资产偿还债务。在 BOT 项目融资中,BOT 项目公司是项目融资、建设与运营主体,BOT 项目公司因特定项目而设,是一个独立运营主体。基于 BOT 项目公司独立主体地位而产生的隔离作用,使得借款偿还只能依靠项目的未来运营收益,债权人没有对 BOT 项目发起人及 BOT 项目公司股东追索债务的权利。

3. 信用结构的多元化

BOT 项目融资方式灵活多样,信用结构呈现多元化特征。判断 BOT 项目融资方式优劣,其中一个重要标准为是否将资金负荷在多个参与主体中进行了合理分配。为了保证项目建设与运营的资金来源,必须有效动员私营组织的自有资金及其融资能力、承建商的资金实力及其融资能力、材料供应商在一定时间内的垫资能力等。BOT 项目公司是信用结构多元化的实现与优化主体,因此提升 BOT 项目公司的运营管理能力至关重要。

4. 融资以特许权授予为前提

BOT 模式中政府将特许经营权颁发给私营组织,随后私营组织组建 BOT 项目公司,BOT 项目公司为保证项目建设资金来源开展其融资活动,因此 BOT 项目融资以私营组织获得特许经营权为前提。特许经营权同时也是项目融资的还款保证,因为 BOT 项目公司在特许经营期内,经营收益的获得同样以特许经营权作为基本保证。

5. 政府支持与监督十分重要

在 BOT 项目的实施过程中,资金负荷均由私营组织承担,政府不必承担任何资金负荷,私营组织承担的风险巨大。因此,为了保证 BOT 项目的顺利推进,政府部门需要给予一定的支持,如:在项目立项及与私营组织谈判的过程中,充分听取并吸纳私营组织的意见与建议;在项目运营定价中,赋予私营组织适度的定价弹性等。同时,在当前我国有关 BOT 运作模式法律法规尚不健全的情况下,政府部门应当强化对项目建设与运营过程的监督,在保障私营组织获得合理利润的同时,要防止它们获取不当得利,损害社会公众利益。

(四)BOT 模式在保障房建设领域的应用

运用 BOT 模式开发建设保障性住房,私营组织在获得保障房特许经营权后要成立 BOT 项目公司,BOT 项目公司是融资、建设与运营主体。保障房开发建设 BOT 模式一般流程如图 9-3 所示。

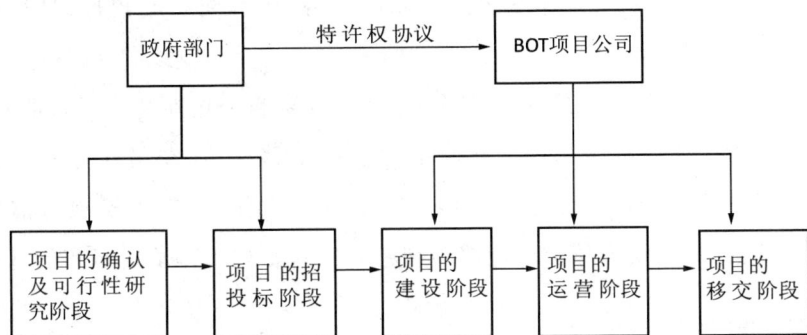

图 9-3　BOT 模式运作流程

保障房开发建设 BOT 项目前期的可行性论证工作。BOT 模式并不适用于全部的保障房建设项目,因此前期的可行性论证十分重要。可行性论证过程中,重点需要考虑经济可行,如果是项目未来现金流不足以弥补项目建设与运营成本,直接使用 BOT 项目就是不可行的;如果要使用 BOT 模式,必须与相关政策优惠或财政补贴配合使用。

保障房开发建设 BOT 项目的招投标工作。BOT 项目的顺利推进,需要通过招标方式寻找理想的私营组织作为合作伙伴。政府要在招标书中明确规定项目建设的时间与质量要求,承建商参与竞标,政府组织评标。通过评标确定资金实力强、建设经验丰富、建设方案经济科学的承建商作为中标机构。授予中标机构特许经营权,组建 BOT 项目公司,由项目公司负责后续开发建设与运营工作。

保障房开发建设 BOT 项目的建设。整个开发建设过程从资金募集至材料采购再到施工组织等均由 BOT 项目公司全权负责。建设期间,政府必须履行好监督职能,保证保障房建设质量及配套设施等符合协议要求,做好这一点,不仅是对保障对象负责、对开发商负责,同时也能够避免特许经营期满保障房移交政府后由于质量等因素影响后续经营现象的发生。

保障房开发建设 BOT 项目的运营。保障房建设竣工后,BOT 项目公司在特许经营期内负责项目运营。项目公司将保障房配置给符合条件的城镇居民家庭,并从保障对象那里获得租金等收入。运营过程是回收成本、获取合理利润的过程。由于保障房运营利润率较低,所以政府往往要给予一定的补贴。运用 BOT 项目开发建设保障性住房,运营期一般较长,最长的特许经营期可以长达 30 年。

保障房开发建设 BOT 项目的移交。BOT 项目公司在特许经营期满后,需要将保障房移交政府部门。政府部门在接受移交后,获得保障房项目后续的经营管理权。政府应当做好移交前的准备工作,包括了解项目前期的运营管理状况,以便为移交后能够顺利开展经营管理工作奠定坚实的基础。

三、REITs 模式

(一)模式简介

REITs(Real Estate Investment Trusts),房地产投资信托基金,是房地产资产证券化的产物。投资人将资金投入专业机构,获得债权或股权,专业机构负责建设与运营房地产项目获取回报,投资人按约定或按比例分享投资收益。将 REITs 运用于住房保障领域,获取的资金全部投入保障房建设与运营。

(二)REITs 分类

1. REITs 依据组织形式可分为公司型与契约型两种

公司型 REITs 依据《公司法》设立,具有独立的法人资格,募集资金的方式是向投资人发行股票或受益凭证,公司型 REITs 投资人成为公司股东,REITs 运作收益归全体投资人共有,按股本比例享受。契约型 REITs 由基金管理公司发起设立,不具有独立的法人资格,募集资金的方式是向投资人发行受益凭证,投资人按信托契约获取投资收益。由于公司型 REITs 是独立法人,受到的监管相对严格,因此契约型 REITs 在实际运作中更加灵活。

2.REITs 依据投资形式可分为权益型、抵押型和混合型三种

权益型 REITs 将募集资金投向特定项目,投资者拥有项目所有权,投资收益来源于项目运作收益。抵押型 REITs 充当中介角色,将募集资金投向特定项目贷款或贷款支持凭证,投资者拥有项目的债权,投资收益按约定获取。由于抵押型 REITs 不拥有项目所有权,因此相较于权益型 REITs,其风险更高,要求的收益率也普遍偏高,同时该类基金的发行与收益状况在很大程度上受市场利率波动的影响。混合型 REITs 是权益型 REITs 与抵押型 REITs 的合成品,募集资金投向特定项目,一部分为股权,一部分为债权,因此它兼具权益型 REITs 与抵押型 REITs 的特点。

3.REITs 依据运作方式可分为封闭式和开放式两种

封闭式 REITs 在发行前确定发行数量与规模,存续期内基金数量维持不变,投资者可在二级市场进行基金交易。开放式 REITs 在存续期内,投资者可随时买入与赎回,因此其数量与规模处于不断变动之中。相对于封闭式 REITs、开放式 REITs 的管理难度与管理成本更高。

4.REITs 依据基金募集方式可分为公募和私募两种

私募 REITs 的筹资对象为特定投资者,公募 REITs 的筹资对象为非特定投资者;私募 REITs 一般不能上市交易,公募 REITs 可以上市交易;私募 REITs 投资人对投资决策有较大的影响力,公募 REITs 投资人对投资决策影响力较小。同时,相较于私募 REITs,公募 REITs 在发行与运作过程中受到的监管更加严格。

(三)REITs 模式在住房保障领域的运用

REITs 运用于住房保障领域,主要采取契约型组织形式和权益型投资方式,资金募集规模根据项目资金需要决定。REITs 模式参与主体主要有基金管理机构、基金托管机构、投资人与政府等。运作流程如图 9-4 所示。

1.基金管理机构由发起人组织成立,发起人可以是有政府背景的信托公司和城市投资公司等,也可以是民营房地产开发企业。基金管理机构负责管理 REITs,在管理过程中,为 REITs 进行信用增级操作,以提升投资者信心和基金的流动性。

2.REITs 的发行面向社会投资者,基金管理机构向投资人签发收益凭证,投资人凭收益凭证获取收益。REITs 收益凭证可在金融市场交易转让。

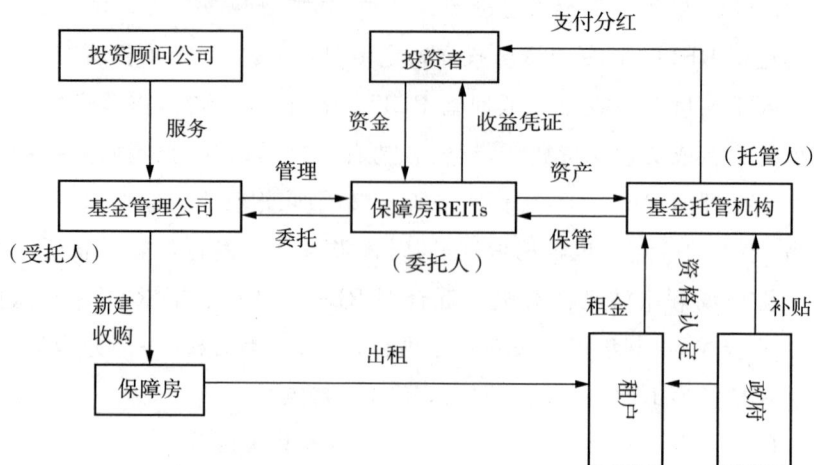

图 9-4 REITs 模式运作流程

3. REITs 日常运营与管理由基金管理机构负责, REITs 的投向主要为新建保障性住房和收购闲置住房作为保障房。运营投资过程中需要的咨询服务可以通过付费方式聘请专业投资顾问公司提供；资金管理交由专门的托管机构(一般为商业银行)，资金托管机构获取一定的资金管理费用。基金管理机构与托管机构的分设目的在于保障资金的安全性。

4. 基金管理机构接受政府部门监管，根据政府要求将已完工的保障性住房租赁或出售给符合条件的保障对象。

5. 基金托管机构为基金管理机构代收租金(或保障房出售收入)和政府补贴，并按协议定期向投资者支付投资收益。

基金管理机构是 REITs 项目的运作核心，从 REITs 的发起设立到投资顾问公司与基金托管机构的选择，再到保障房的建设与收购，直至将保障房交付符合条件的保障对象，整个过程均由基金管理机构负责具体运作。政府部门在 REITs 运营管理中发挥监管职能。

REITs 模式能否成功运用于住房保障领域的关键在于盈利模式设计。REITs 收入源于保障房承租户缴纳的租金(或保障房出售收入)、政府的租金补贴及其他财政补贴、运营中收取的物业费及相关配套设施出售收入等。收入扣除相关成本后结余的利润分配给 REITs 的投资人。必须指出的是，在保障房 REITs 运作过程中，必须充分发挥财政资金杠杆作用，确保投资人合理利益诉求得到满足。

四、创新模式运用需关注的问题

以上介绍了住房保障融资创新模式中较为典型的三种模式,当然在实践中还可以运用其他创新模式,如本书后文中讨论的 ABS 模式等。在运用创新模式服务于住房保障金融时,需要关注以下几个方面的问题。

1. 创新模式运用的前提是创新模式对于保障房项目融资具有适用性与可行性。分析创新模式对于保障房项目融资的适用性与可行性,是运用创新模式的基础,也是保障创新模式运用取得成功的关键所在。

2. 创新模式的运用要遵从合理流程。住房保障金融创新模式的运作过程及金融产品结构相较于传统金融模式更加复杂,因此,在实际运作中,必须要具备流程化思维,防止在实践中因运作不当导致创新模式运用失败。

3. 在住房保障金融领域运用创新模式,不仅要关注该模式运作的一般特征,还要结合保障房融资的具体特点。

4. 同一个保障房项目可以有多种创新模式选择,选择创新模式的标准在于融资效果的最优化。

5. 开拓思维,积极运用住房保障融资创新模式。如:一般来说,PPP 模式不会运用于"两限房"建设领域,但如果将"两限房"建设中的诸多因素组合起来看,PPP 模式对于"两限房"等商品类保障房建设融资而言,同样具有适用性。关于这一点,本书后文将进一步阐述。

第十章　公共租赁住房建设及其融资安排

2013年12月,住建部等三部委联合发文《关于公共租赁住房和廉租住房并轨运行的通知》,根据通知精神,自2014年起廉租房与公租房并轨运行,统称公共租赁住房。导致这一变化的原因有两个方面:一是将公共租赁住房分为廉租房与公租房会产生巨大的管理成本。因为根据之前的规定,廉租房与公租房保障对象分别针对最低收入群体和低收入群体,准入门槛存在差异,不可调剂使用,这就使得政府必须实时动态掌握保障对象家庭收入变动情况。一旦廉租房租户家庭收入情况改善,已不再符合廉租房享受标准,就应当将其租住的廉租房清退,调整为公租房。显然,在监控保障对象家庭收入状况变动及调整保障性房源的过程中都会发生较大的管理成本。二是将公共租赁住房分为廉租房与公租房,在实践中往往产生资源浪费。将公共租赁住房分为廉租房与公租房两类,并规定不能混合使用,往往导致保障房类别划分与保障对象人群划分不相匹配的现象,进而导致资源浪费局面的发生。本课题研究始于2012年,且公共租赁住房并轨运行机制尚处于完善阶段,更为重要的是并轨前廉租房与公租房的建设资金来源存在一定差异,基于以上原因,本书对于廉租房与公租房建设及其融资安排问题先分别进行阐述,然后再阐述并轨的内容及其影响。

第一节　廉租房建设及其融资安排

一、廉租房特点及其发展状况

廉租房是城镇居民家庭获得住房保障的一条重要路径,保障对象必须同时符合两个条件：符合最低生活保障标准；住房困难。

廉租房保障的实现方式包括实物配租和租金补贴。租金补贴的实现方式，是政府向符合条件的城镇居民家庭按标准发放一定数量的补贴，让这些家庭租赁市场房源获得保障。实物配租的实现方式，是政府将自有房源通过租赁形式配置给符合条件的城镇居民家庭，并收取显著低于市场水平的租金。

廉租房只租不售，被保障对象不得转借或转租，否则将失去被保障资格。按照廉租房与公租房并轨前的相关规定，申请获得廉租房保障的城镇家庭需同时具备以下条件：5 年以上当地常住户口；家庭收入符合当地最低生活保障标准；家庭住房总面积不超过 50 平方米，人均不足 15 平方米。在对保障对象资格进行审核的过程中，还需要审核申请家庭是否有其他房产及所申报的家庭成员是否在一起生活等。

(一)廉租房特点

1. 准公共物品特性

作为准公共产品，廉租房具有排他性与非竞争性。廉租房的排他性具体表现在两个方面：一是它是向特定群体提供的保障，不符合条件的群体不能享受这种保障；二是符合条件的群体，其内部存在对廉租房优先居住权的竞争。廉租房的非竞争性，是指廉租房保障的获得不以价格竞争方式决定。如果保障通过价格竞争获得，则廉租房租金势必上涨，进而失去其保障功能。

2. 社会保障性

住房保障体系的构建，是为了弥补市场失灵的结果。在市场经济条件下，一部分家庭的住房问题可以通过市场解决；一部分家庭可以在政府给予一定支持的情况下，以类市场化的方式加以解决。但对于低收入家庭而言，只能主要依靠政府解决住房问题。廉租房的存在，是对市场缺陷的弥补，是政府对在市场竞争中处于弱势地位的低收入家庭的救助与保障。

3. 政府主导性

廉租房从供给到运营，均由政府主导。在新建廉租房的过程中，政府是资金的主要提供者，也是建设与融资的组织者；廉租房的运营，同样由政府或其委托机构负责；廉租房的配置过程，由政府制定条件，并负责申请对象资格审核。总之廉租房从制度制定,直至其供给、配置与运营全过程均由政府主导。

4. 非盈利性

廉租房制度的建立,使得城市最低收入群体能够实现"体面的居住",美化了城市形象,促进了社会和谐。廉租房制度追求的是社会效益,而不是经济效益。廉租房的非盈利性体现在土地划拨、税费减免及租金控制等多个环节。当然,着眼于大局也必须看到社会效益与经济效益的内在联系,廉租房等社会保障制度的制定与践行,有效地促进了社会和谐,为经济建设提供了稳定的环境,就这点来看,保障房的非盈利性恰恰是对其他经济主体盈利的保障。

(二)廉租房的发展历程

1998 年 7 月,国务院发布《关于进一步深化城镇住房制度改革加快住房建设的通知》,廉租房概念在我国被正式提出。1999 年 4 月,国家建设部发布《城镇廉租住房管理办法》,对廉租房建设、分配与管理作出具体规定。

2003 年国务院发布通知,提出逐步建立全国廉租房体系,解决城镇低收入住房困难家庭的住房问题。随后,国家建设部发布《城镇最低收入家庭廉租住房管理办法》,对于廉租房建设用地划拨、租金收入税收优惠等作出规定。

2007 年 8 月,国务院发布《关于解决城市低收入家庭住房困难的若干意见》,提出廉租房保障以货币补贴与实物配租为主要实现方式;廉租房房源的获得路径包括新建、收购、改建及社会捐赠等。

2009 年 5 月,国家制定了 2009 年至 2011 年廉租房保障规划。提出 2009、2010 及 2011 年分别新建廉租房 177 万套、180 万套与 161 万套;2009、2010 及 2011 年新增发放租赁补贴 83 万户、65 万户与 43 万户。三年合计新建廉租房 518 万套,新增发放租赁补贴 191 万户[①]。

2011 年后,我国廉租房建设进入快车道。中央政府提出将住房保障工作作为公共服务的重要内容,并提出"十二五"末保障房覆盖率达到 20% 左

---

① 摘自《2009—2011 年廉租住房保障规划》。

右的目标。截至 2015 年,"十二五"规划的 3600 万套保障性住房任务已经顺利完成,加上 1998－2015 年我国建设的保障房,目前保障房的覆盖率已经超过计划的 20％,顺利完成目标。

二、廉租房建设资金来源渠道

我国廉租房资金来源主要有:中央预算内投资补助与专项补助;纳入年度预算安排的地方财政资金;住房公积金增值收益扣除风险准备与管理费后的余额;不低于 10％的土地出让净收益;廉租住房租金收入[①]。对中、西部财政困难地区,通过和中央财政廉租住房保障专项补助资金等方式给予支持。

1. 政府的财政预算资金

就我国廉租房发展现状来看,各个地区主要还是用财政预算资金来建设不以盈利为目的的廉租房。对于地方政府而言,发展地方经济需要投入巨额的财政资金,难以提供充足的财政资金用于建设廉租房,廉租房建设资金缺口较大。所以廉租房建设需要摆脱完全依赖地方政府财政预算的局面。

2. 住房公积金增值收益

住房公积金业务支出只占其业务收入的一部分,剩余部分为住房公积金的增值收益。我国的住房公积金增值收益中的大部分资金用来建设廉租房。随着经济与社会的发展和住房公积金制度的不断完善,我国住房公积金呈现较快增长态势,因此其增值收益也在不断地增加,专家预计未来可以将住房公积金增值收益中的 40％用于投资建设廉租房。

3. 土地出让金净收益

各级政府按规划有偿出让相关土地使用权,土地使用者需按规定缴纳土地价款方能取得土地使用权。在土地出让过程中不可避免存在一定的成本,但在地价高企并不断上涨的时期,成本只占到全部土地价款中很小的一部分,剩余部分即为土地出让净收益。根据现行政策,用于投资建设廉租房

---

① 摘自《国务院关于解决城市低收入家庭住房困难的若干意见》。

的土地出让净收益占比至少要达到 10％。

4. 社会保障和社会捐赠

廉租房具有非盈利性质，主要是用来解决城镇低收入人群的基本住房问题，具有社会保障作用，所以社会保障资金是廉租房建设资金的一个来源。在全国享受最低生活保障的人数在不断上升、抚恤支出与社会救济福利费用支出占比下降的背景下，投资于廉租房建设的社会保障资金势必有限。社会捐赠的廉租房建设资金更是杯水车薪，统计表明，截至 2013 年 10 月，社会捐赠累计总额仅 63.6 亿元。

为了更加详细地阐明全国建设廉租房所需资金的缺口问题，课题组深入调研了蚌埠市廉租房的建设情况以及建设廉租房所需资金情况。调研结果见附录 4。

三、廉租房建设融资存在的问题

1. 资金来源单一，需要拓展筹资渠道。1994 年的分税制改革，导致中央政府财政收入占比增加、地方政府财政收入占比降低的收入分配新格局。廉租房建设遵从属地管理原则，在中央和地方"财权和事权不对称"的收入分配格局下，主要依靠地方政府组织保障房建设资金，它们往往显得力不从心。因此，必须拓展廉租房建设资金来源渠道，引导更多的资金特别是社会资金参与廉租房建设。

2. 社会资本参与度低，需引导市场力量参与建设廉租房。廉租房建设与运营，投资周期长，风险大，回报率低，在自然状态下，不符合商业资本追求风险与收益平衡的原则。要引导商业资本进入廉租房建设领域，必须解决风险与收益不对称的问题，要从降低风险、提升收益两个方面下功夫。提升收益，可以通过政府贴息、给予租金补贴等方式实现。在降低风险方面，可以通过提供政府信用担保方式等来实现。随着我国金融市场的发展，在廉租房建设融资领域，也可以不断尝试运用一些新的金融技术。如设立廉租房投资信托基金，投资信托基金是一种资产证券化产品，适用于收益稳定但流动性低的资产，廉租房符合这一属性。下面，我们将阐述房地产投资信托基金在保障房建设领域中的应用。

四、廉租房融资模式创新:以 REITs 模式为例

(一)REITs 模式的适用性

REITs 模式运用于廉租房建设融资领域,首先需要成立一个专业机构,投资者以债权人或股东身份投入资金参与廉租房建设,专业机构负责廉租房建设与运营,并将运营收益分配给债权人或股东。廉租房建设融资 REITs 模式在实践中可以采取权益型 REITs、抵押贷款型 REITs 与混合型 REITs 三种形式。三种形式的特点如表 10-1 所示。

表 10-1 REITs 分类与特点

类型	主要特点
权益型 REITs	投资并直接拥有不动产的产权,其收入主要来源于所持有不动产产生的租金,为 REITs 的主要类型
抵押贷款型 REITs	不直接拥有不动产的产权,而是将资金投资于房地产贷款或贷款支持凭证(MBS),其收入主要来源于贷款利息
混合型 REITs	既投资于不动产产权,也投资于房地产贷款

与抵押贷款型 REITs 和混合型 REITs 相比,权益型 REITs 未来收益源于房产租金,收益相对稳定,风险较小。

REITs 模式之所以适用于廉租房建设领域,主要原因有以下两点:

1. REITs 模式属于公募范畴,作为大众投资工具,吸纳资金面广,运用得当,可以在较短的时间内筹集大量资金。REITs 在条件合适的情况下还可以上市,在流动性提升的情况下,为投资者提供较为稳定的收益。

2. 廉租房建设运营中引入 REITs 模式,能够加快资金回笼,有效缓解开发商流动性不足问题。廉租房 REITs 只要运作得当,就能够为投资者带来稳定收益。因此,合理运用 REITs 模式可以推动廉租房建设,在有效解决低收入群体居住问题的同时,实现参与各方共赢的结果。

(二)廉租房建设引入 REITs 模式的可行性

1. 廉租房建设资金缺口大

前面已经分析过财政投入、住房公积金增值收益、社会保障与社会捐赠的资金以及土地出让金净收益都相当有限,廉租房建设依然存在巨大的资

金缺口。传统融资模式难以弥补资金缺口的现实,为廉租房融资方式的改变提供了机遇,REITs模式运用于廉租房建设融资领域空间巨大。

2.REITs模式运用于廉租房建设领域,风险较小且收益稳定

廉租房REITs的未来现金流包括租户缴纳的租金和政府财政补贴,收益稳定;REITs作为一种集合投资模式,本身就具有分散风险的功能。另外,廉租房REITs的推广使用,可以促进廉租房建设,抑制商业地产投机,使得投资廉租房REITs与投资商业地产的比较收益提升。

3.廉租房REITs创新基础较为坚实

首先是REITs运作所需的相关机构健全。随着我国金融体系的完善,过去由商业银行"一统天下"的金融格局已发生根本改变,投资银行业近年来发展迅速,从事证券、保险、基金、投资管理等金融或类金融公司组织一应俱全,这为我国发展廉租房REITs提供了组织保障。其次是存在广泛的REITs投资主体。我国的经济发展,使得个人储蓄总量快速增长,理财成为很多家庭需要考虑的问题。廉租房REITs为投资者提供了一条可供选择的路径。

4.可以借鉴国际成功经验

早在20世纪80年代,美国就取得了运用REITs模式推动保障房建设的经验。美国经验以市场化运作为基础,政府通过税收返还的方式加以促进,如规定运用REITs建设负荷标准的住房,政府在随后10年返还的税费能够达到工程造价的4%。一系列政策优惠,极大带动了投资者参与廉租房REITs的热情,有效地推动了廉租房建设。虽然我国的廉租房建设以政府为主导,但其中的一些做法值得我们借鉴。

(三)REITs模式在廉租房建设中的运用

国内学者在审视我国当前有关房地产业与证券业法律法规后认为,利用REITs模式推动廉租房建设可以采用信托计划、产业基金与上市公司三种路径。本书以产业基金模式说明REITs在廉租房建设中的运用。

1.廉租房建设REITs模式运作流程

廉租房建设REITs模式(产业基金)运作分为五个阶段:

(1)地方政府牵头成立基金管理公司。基金管理公司以现有的融资平台为基础,联合其他有合作意向的金融机构或房地产企业共同设立。基金管理公司负责廉租房REITs基金管理工作。

（2）基金管理公司采用公募方式发行基金，并向投资者签发收益凭证。

（3）基金管理公司组织廉租房建设项目招标工作，选定廉租房项目开发商开发建设廉租房。

（4）政府组织审核廉租房申请人资格，将廉租房配置给符合条件的家庭。

（5）基金管理公司收取租户租金、获得政府补贴，将租金与补贴交由独立的托管机构保管，托管机构按期向基金投资人支付收益。

廉租房 REITs 基金运作需要政府进行全程监管。REITs 基金受益凭证可在二级市场交易。新建廉租房 REITs 模式运作流程如图 10-1 所示。

如果通过住房二级市场取得廉租房房源，则上述流程中的第（2）个步骤就相应变更为：基金管理公司通过住房二级市场获得廉租房房源，在获取房源时，通过专业机构评估房屋价格，以合理价格取得保障房房源，交由房地产开发商改造成符合标准的廉租房。

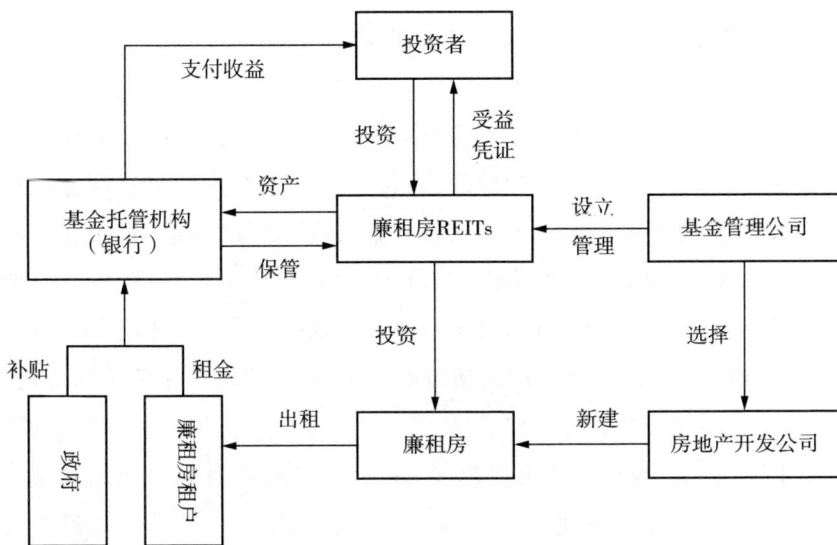

图 10-1 新建廉租房 REITs 模式运作流程图

执行廉租房建设 REITs 模式运作流程需要注意以下几个问题：

（1）基金管理公司发起人应当为基金投资人

这一要求一方面可以保证基金管理公司能够做到尽职尽责；另一方面可

以有效防止基金管理公司为了追求自身利益而对投资者利益造成伤害。

（2）基金托管机构的独立性

之所以分设基金管理公司与基金托管机构，原因在于防止基金管理公司侵害资金安全事件的发生。基金托管机构接受基金管理公司指令，按期向基金投资人支付收益。

（3）对于房地产开发商开发过程的监管

政府部门对廉租房建设过程负有监管责任，确保廉租房及其配套设施建设符合标准。

（4）政府的政策支持

为了保证投资人能够获取合理收益，政府除了给予租金补贴外，还要给予其他方面的政策支持，如提供税收优惠、允许在廉租房小区配建商业性物业等，通过多种方式提高廉租房 REITs 收益率，促进廉租房 REITs 发展。

2. REITs 模式运用需克服的障碍

廉租房 REITs 的试点运行，可以缓解地方建设廉租房的财政压力，降低商业地产投资热度，廉租房 REITs 在运作中需要解决以下几个方面的问题。

（1）法律法规需进一步完善

廉租房 REITs 运作多以封闭式产业基金形式进行，目前我国在该领域还没有专门的立法，可以用于参照的是《证券投资基金法》。但《证券投资基金法》规范的基金种类不包括产业投资基金，致使 REITs 模式的运作尚处于无法可依的状态。同时，《证券法》规范的证券类别也不包括 REITs，使得 REITs 只能进行场外交易，不能上市流通，这就限制了 REITs 的流通能力。要推动 REITs 模式在廉租房建设领域的运用，必须要完善相关法律法规。

（2）强化专业人才的培养与引进

REITs 模式的运作涉及诸多领域，如房地产、资产评估、审计、基金与法律等，发展 REITs 需要懂得以上领域相关知识的复合型人才。这种复合型人才在目前的人才市场上相当匮乏，必须加强培养与引进工作。

（3）监管体系需要进一步完善

REITs 模式涉及诸多领域，同样涉及诸多行业，直接涉及的就有房地产业、基金业与信托业。参与主体涉及行业就更多，包括银行业、保险业等。我国目前的金融监管体系主要是建立在分业经营基础上的分业监管模式,这种监管模式已难以满足当下不断发展的混业态势,更难满足 REITs 这种涉及多行业、多领域运作模式的监管要求。对于 REITs 的监管,需要证监会、银监会、保监会和住建部的密切配合,可以由以上机构联合成立专门小组,负责 REITs 的监管工作。唯有如此,才能保证 REITs 模式的健康发展。

第二节　公租房建设及其融资安排

一、公租房特点及其发展历程

(一)公租房特点

公共租赁房是由政府提供资金和政策支持,根据地方政府对公共租赁房的具体规定,建成的符合公共租赁房户型与面积规定的住房。公租房长期租赁给"夹心层"群体并按地方政府规定收取租金。"夹心层"群体主要包括城镇收入中等偏下且基本住房问题无法解决的家庭,刚毕业踏入职场且无法解决基本住房问题的职工,在某一城镇居住满规定年限的外来务工人员等。公租房特点如下:

1. 正外部性

政府建设具有保障性的公共租赁房不以盈利为目的,通过"夹心层"群体的基本住房问题,提升他们的生活质量,助推经济发展与社会和谐。

2. 准公共物品与非盈利性

公租房与廉租房一样,同属准公共物品,具有非盈利性特征。只是按照 2013 年 12 月之前的规定,公租房与廉租房的保障对象存在差别,享受公租房保障的家庭收入高于享受廉租房保障的家庭,因此,公租房租金水平高于廉租房,但显著低于市场租金水平。

3. 政府干预性

公租房保障群体由政府界定并由政府负责资格审查;同时政府还是公租房规划、筹建与运营管理主体。

4. 退出机制相对灵活

地方公共租赁房资源有限,为了能够合理地使用公共租赁房,必须严格审查申请人的资格,对其进行动态监察。对之前符合公共租赁房条件的居民家庭,在其经过后期努力,生活条件得以改善,不再符合公共租赁房租住资格的情况下,应主动申请退还公共租赁房或是以市场价格为参考购买之前租住的公共租赁房。对那部分以商品房租赁价格租住公共租赁房,同时政府部门再以货币的形式进行补贴的租户,当其后期生活水平得到改善,不再符合公共租赁房租住条件时,政府应及时停止发放补贴。

(二)公租房的发展历程

我国公租房的发展历程通过表 10-2 列示情况可看出其演进脉络。

表 10-2 我国公租房发展演进脉络

时间	文件	内容
2015 年以前		广州、厦门、常州等城市开展公共租赁房试点工作
2007.08.01	《国务院关于解决城市低收入家庭住房困难的若干意见》	将农民工与城市的低收入家庭纳入保障对象
2010.01.07	《关于促进房地产市场平稳健康发展的通知》	第一次明确将公租房纳入住房保障体系,提出增加公租房等供给
2010.04.07	《关于坚决遏制部分城市房价过快上涨的通知》	加大建设和供应公共租赁房力度
2010.06.08	《关于加快发展公共租赁住房的指导意见》	对公租房房源来源渠道、出租管理和运营监督等制定支持政策
2010.09.27	《关于支持公共租赁住房建设和运营有关税收优惠政策的通知》	在建设公租房的过程中,承建单位可享受税收政策优惠
2011.07.14	《关于多渠道筹措资金确保公共租赁住房项目资本金足额到位的通知》	投资主体应解决建设资本,政府应对企业提供支持和帮助
2011.08.05	《关于认真做好公共租赁住房等保障性安居工程金融服务工作的通知》	对公租房建设金融支持提出要求
2013.12	《关于公共租赁住房和廉租住房并轨运行的通知》	公租房与廉租房并轨

(三)公租房管理

地方政府对公租房的管理主要体现在如下六个方面：

1. 界定保障范围

公租房保障群体为城市"夹心层"，主要包括城镇收入中等偏下且基本住房问题无法解决的家庭，刚毕业踏入职场且无法解决基本住房问题的职工，在某一城镇居住满规定年限的外来务工人员等。

2. 筹集公租房房源

地方政府可以新建公共租赁房，也可以通过收购和改建已有的商品房作为地方公共租赁房，还可以由相关政府部门出面从住房市场上长期租赁商品房作为地方公共租赁房使用。在建设或筹集公共租赁房时要根据当地公共租赁房的相关规定进行建设或筹集，要保证公共租赁房周围的配套设施，以方便为主。用各种方式筹建公共租赁房时，要保证公共租赁房的质量、大小及房型都符合相关要求。

3. 确定租金水平

公共租赁房租金确定受两个因素影响，一是当地住房市场商品房的租金水平，二是当地居民的收入水平。

4. 租赁管理

审核申请人资格；承租方与出租方签订为期3至5年的合同；期满后，对资格进行重新认定；监管租住过程，防止公租房被挪作他用。

5. 提供政策支持

政府要为公租房建设提供政策支持，如为了降低公共租赁房的建设成本，可以通过无偿划拨的方式出让公共租赁房的建设用地；给予公共租赁房建设项目相应的税收优惠；为公共租赁房建设项目提供融资便利等。

6. 动态监管制度执行情况

公租房管理由省级统筹，省、市、县各级政府均有相应管理责任，公共租赁房资源有限，地方政府必须根据相关规定对公共租赁房的租住对象进行严格的审核；依照相关法律法规严格监督公共租赁房的运营管理过程，对违规违法行为追究法律责任。

公租房制度在现实执行过程中，也产生了一些不尽如人意的地方，主要是：

1. 公租房运营过程中出现的市场化倾向

市场租金水平是确定公共租赁房租金的重要参考依据,致使相关利益群体通过变相操作抬高租金水平,加重承租家庭负担,违背公租房建设初衷。

2. 监审困难

准入方面,政府部门难以全面把握申请家庭经济情况,致使公租房配置的合理性下降。退出方面,承租家庭由于经济状况改善而不再符合公租房租住条件时,往往不会主动退出,强制退出成本也很高。必须加强征信体系建设,以利于实时了解承租家庭收入变动情况,强化对申请时隐瞒实情与拒不退出承租家庭的现实约束。

3. 配套设施不到位现象频繁出现

公共租赁房建设要做好规划,防止出现因选址不科学导致"弃租"或"居住隔离"的现象发生;也要防止配套设施不到位,给承租家庭日常生活带来不便。

二、公共租赁房建设资金来源

公共租赁房属于非盈利性项目,虽然投资风险较小,但投资收益率较低,对社会资本的吸引力不足,而各地方政府的财政预算有限,因此我国公共租赁房项目资金缺口较大。为弥补这一资金缺口,各地政府都在积极拓展融资渠道。

1. 财政拨款

鉴于公共租赁房建设项目对社会资本吸引力不足这一现实,政府拨款与政府贷款对于公共租赁房建设十分重要。2008年中央拨付保障房建设财政补助资金181.9亿元,随后该项补助增长迅速,2009年为550.56亿元,2010年为992.58亿元,2011年达到1713亿元。2012年中央财政仅用于公租房专项补贴资金数量就有660亿元之多。地方财政投入公租房建设的资金数量更为庞大。虽然如此,单纯依靠财政为公租房建设提供资金,显然缺口巨大。

2. 银行贷款

公共租赁房建设获得银行信贷资金路径包括:抵押贷款、开发商贷款及政策性银行贷款。公共租赁房项目属于惠民工程,利润率低,所以要吸引银行信贷资金支持,离不开政府的政策引导。同时,公租房土地往往通过无偿划拨获得,公租房产权又有限制转让的特点,银行对公租房建设项目投放贷款风险较大。基于收益与风险的对比,公租房建设的银行信贷总量难以有效提升。

3. 住房公积金贷款

运用公积金发放公租房建设贷款可以提高公积金的使用效率,另外公积金贷款期限长、利率低,可以降低公租房建设成本。当然,在利用公积金贷款开发公租房的过程中,资金安全性保障至关重要。

4. 土地出让净收益

土地出让净收益既是廉租房建设资金来源,也是公租房建设资金来源。在此,需要说明的问题是:如果地价上涨,土地出让收益就会增加,公租房建设通过该路径获得的资金量增加;但随之而来的是商品房价格上涨,住房保障需求群体会扩大,保障房建设资金需求量增大。因此,土地出让金与保障房建设之间存在着既相互统一又相互矛盾的关系。

土地出让金收益是地方财政的重要来源渠道。2007 年至 2013 年,我国土地出让金收益情况如表 10 - 3、图 10 - 2 所示。

表 10 - 3　2007—2013 年全国土地出让金与财政收入

年份	2007	2008	2009	2010	2011	2012	2013
土地出让金收益(万亿元)	1.28	0.96	1.61	2.69	3.15	2.71	4.10
全国财政收入(万亿元)	5.13	6.13	6.84	8.30	10.37	1.17	12.90
土地出让金收益占财政收入的比重(%)	24.95	15.67	23.51	32.38	30.36	23.12	31.78

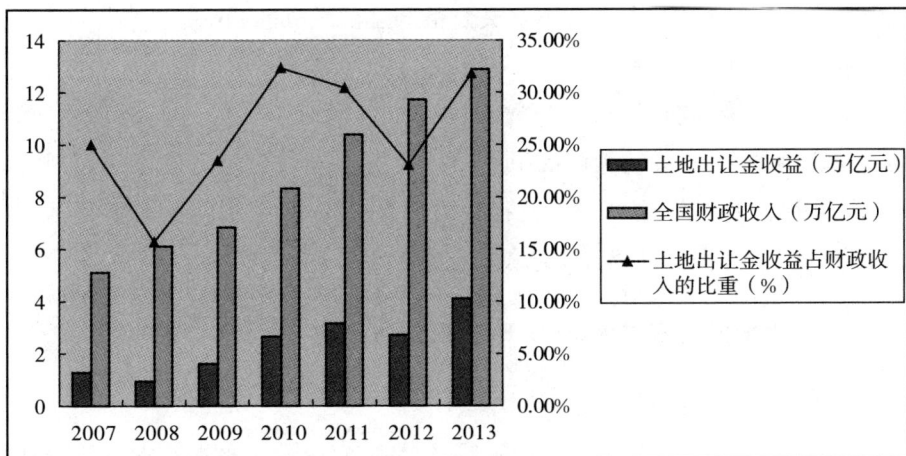

图 10 - 2　2007—2013 年全国土地出让金与财政收入

数据来源:国家统计局

同样,为了说明我国公共租赁房建设资金短缺情况,课题组对安徽省蚌埠市公共租赁房建设及资金需求情况也进行了深入调研。调研结果见附录 4。

三、公租房建设融资存在的问题

1. 资金投入过度依赖财政,地方政府支持不足

财政资金是公租房建设资金的主要来源渠道,这种状况不利于公租房建设形成长期稳定的资金链。当财政状况好时,公租房建设就有一定的资金保障;当发生自然灾害、突发事件或者经济下行引致财政状况不佳时,公租房建设就会停滞不前。地方政府对公租房建设的支持不足。相较于廉租房,公租房起步晚,政策与资金支持一直在探索中前行。

2. 融资渠道少,融资效率低,缺乏专业的融资机构

以 2012 年为例,政府共投资新建 230 万套公租房,在政府的财政投入之外,尚有高达 1000 亿元的资金缺口,需要通过其他路径解决。为了解决公租房融资缺口,在政府财力有限的情况下必须提升公租房建设融资效率,可选择的路径包括:完善公租房产权制度,使其成为融资中合格抵押品;政府为公租房建设融资提供政府担保;为公租房建设融资进行政府贴息。总之,要解决商业资金收益与风险平衡的目标。另外,成立一些专业融资机构,优化融资路径与融资结构,也有助于解决公租房建设融资问题。

3. 政策支持方面存在不足

如相关政策说明了公租房资金来源渠道,但对于各渠道资金来源均无数量与比例要求;相关政策明确了鼓励社会资本参与公租房建设的原则,但未明确鼓励的具体措施。这就使得地方财政对公租房建设投入不足,同时社会资本也缺乏去弥补建设资金缺口的积极性。

四、公租房融资模式创新:以 BOT 模式为例

(一)BOT 模式的适用性

BOT 模式运用于公租房建设领域,即是指政府允许私人资本(可以是国内私营企业也可以是国外企业)组织建设公租房,建成后拥有合约规定期限内的特许经营权,私人资本在经营期内获取经营收益,回收投资成本并获得

利润。待经营期满后,将公租房无偿移交给政府。

公租房建设适于使用 BOT 模式,主要表现在以下几个方面:

1. 在公租房建设中运用 BOT 模式,能够有效拓展公租房建设资金来源,缓解财政压力。伴随着我国经济的快速增长,民间资本积累迅速,BOT 模式通过充分调动民间资本参与公租房的开发与建设,一方面可以缓解财政压力,另一方面也为民间资本提供了一个很好的投资机会。

2. 在公租房建设中运用 BOT 模式,可以有效提升公租房建设效率。运用 BOT 模式建设公租房,将公租房的融资、建设与运营交给专门的项目公司,私人资本的逐利性特征及项目公司的专业化优势可以在一定程度上提升公租房的建设与运营效率。

3. 在公租房建设中运用 BOT 模式,能够在多个参与主体间更合理地配置风险。BOT 模式的参与方包括政府、投资人、项目公司、保险公司及贷款银行等。首先,BOT 模式改变了政府独立承担公租房建设与运营风险的格局;项目投资人设立项目公司,从而仅承担与标的项目相关的风险,实现了风险隔离;项目公司还可以通过投保等方式来实现风险转移。

(二)公租房建设引入 BOT 模式的可行性

1. 公租房项目是合适的 BOT 项目。BOT 模式在使用中以项目为导向,项目建设者根据项目建设需要进行融资安排,融资方是否给予资金支持主要取决于对目标项目未来现金流与收益情况的分析与考察。公租房项目未来有稳定的租金收益,加上政府给予的租金补贴,商业资本进入可以获得市场平均利润。

2. 政府有权赋予私营企业公租房项目特许经营权,且特许经营期可根据项目情况调整。之所以选择 BOT 模式建设公租房,主要原因是政府在公租房建设中存在资金缺口。BOT 模式可以将私人资本引入公租房建设领域,有效缓解政府的资金压力。政府将项目一定期限的经营权交付私人企业,可以保证私人资本获取合理收益。当然,不同项目未来收益可能存在差异,这一问题可以通过调整特许经营期的方式解决。

3. 政府的支持与指导可以为 BOT 模式运作提供保障。政府可以通过完善相关法律法规为 BOT 运作保驾护航;也可以提供一些成功案例给予参与企业足够的借鉴;还可以通过政策优惠,确保私人资本收益的实现。

(三)BOT 模式在公租房建设中的运用

1. 公租房建设 BOT 模式运作流程

在公租房建设中运用 BOT 模式,可以有效拓展公租房建设资金来源,减轻财政负担,同时为民间资本增加投资路径。本书结合我国公租房建设与运营现状,设计了公租房项目 BOT 模式运作流程图(图 10-3)。

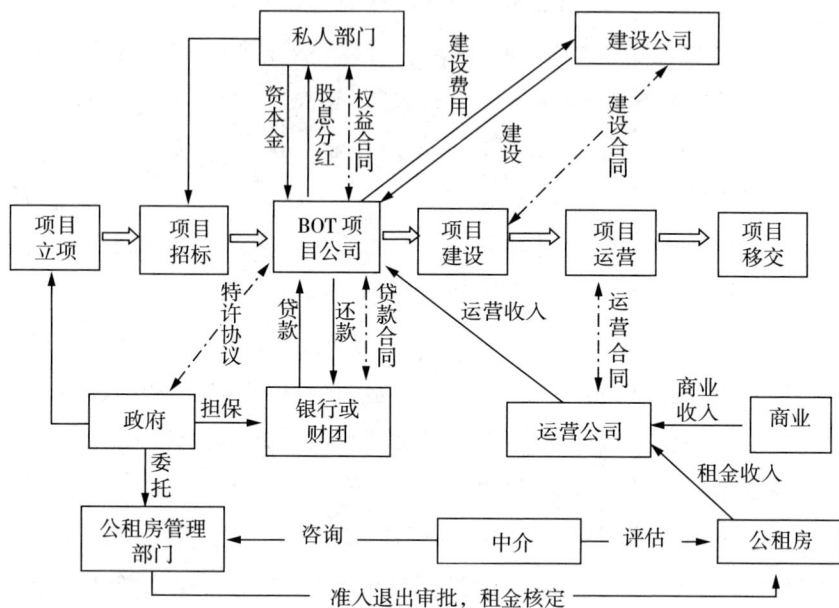

图 10-3 公租房项目 BOT 模式运作流程图

结合图 10-3,对公租房项目 BOT 模式运作流程介绍如下:

(1)公租房建设项目立项。依据当地住房市场供求状况及公租房建设与运营现状决定是否新建公租房项目。项目立项后,进而决定建设主体,即是政府组织建设还是引入私人资本组织建设。如将 BOT 模式作为一种备选方案,就必须详细论证项目采用 BOT 模式的可行性,同时要细致分析采用 BOT 模式可能遇到的问题,提前做好预案。

(2)确定投资人,成立项目公司。一旦决定采用 BOT 模式新建公租房,就需要通过招投标的方式确定合适的投资者。在与投资者充分磋商的前提下,与投资者签订合同。磋商的重点是特许经营期。合同签订后,成立项目公司,项目公司是项目运作主体。

（3）项目融资、建设及在特许经营期内的经营。项目公司负责项目融资、建设及在特许经营期内的经营。为了保证项目融资的顺利，政府在适当情况下，可以为项目融资提供担保。项目建设工作由项目公司主导，组织相关机构开发建设。项目运营可以由项目公司自营，也可以由项目公司聘请其他机构代为运营。运营过程中，项目公司收取租户租金并获得政府租金补贴，回收建设成本，获取相应利润。

（4）项目移交。特许经营期满，项目公司将公租房移交政府，由政府相关部门负责后续经营与管理。

2. BOT 融资运用需克服的障碍

公租房建设 BOT 运作模式，可以缓解地方建设公租房的财政压力，拓展私人资本投资路径，实现多方共赢的效果。但 BOT 运作模式在公租房建设领域的运用尚需克服一定的障碍。

（1）投资收益与风险的匹配问题

公租房建设周期长、投入资金多，租金水平受政府管控（根据相关规定，租金水平为市场租金的 30%～60%），这些因素集聚在一起，就会使得投资公租房收益低且风险大，不符合商业资本的投资取向。所以，要解决这一问题，需要政府通过土地、金融与财政政策进行支持，实现公租房投资收益与风险的均衡。

（2）特许经营期限的长度问题

根据规定，BOT 项目特许经营期限最长为 30 年，30 年后必须收回。这一规定使得公租房 BOT 项目投资人风险难以控制。在有限的时间长度内，要收回成本并实现收益，就必须提高租金水平，但租金水平只能在政府管控的范围内调整。更为重要的是，住房市场情况的改变也会影响租住率和租金水平，而这些因素是投资人无法准确把握的。所以，应当给予更加富有弹性的特许经营期，确保投资人利益。

（3）公租房建设中的政府积极性

长期以来，特别是分税制改革以后，地方政府形成了对"土地财政"的高度依赖，运用 BOT 模式建设公租房，往往需要政府无偿划拨土地，这就会减少地方政府的土地出让收益，使得地方政府对于建设公租房的积极性降低。从长期来看，必须通过改革让地方政府摆脱对"土地财政"的依赖。

第三节 公共租赁住房并轨及其影响

如前文所述,2013 年 12 月,住建部等三部委联合发文《关于公共租赁住房和廉租住房并轨运行的通知》,自 2014 年起廉租房与公租房并轨运行,统称公共租赁住房。并轨究竟涉及哪些内容? 对公共租赁住房产生了怎样的影响? 对该研究影响如何?

一、廉租房与公租房并轨

(一)并轨的内容

自 2014 年起廉租房与公租房并轨运行,统称公共租赁住房。并轨的内容主要涉及以下几个方面:

1. 建设计划并轨

廉租房与公租房建设计划不再分设,将廉租房建设计划归并列入公共租赁住房建设计划。2014 年前列入的廉租房计划继续执行。

2. 资金来源渠道并轨

将原廉租房资金来源渠道并入公共租赁住房资金来源渠道。

3. 管理并轨

将已建成并分配入住的廉租房纳入公共租赁住房统一管理。

(二)与原制度设计的衔接

并轨的制度设计是对分设的制度设计的改进与优化。在分设的制度设计中,廉租房与公租房在建设标准、保障对象与保障标准等方面均存在差异,并轨的制度设计通过制度弹性吸收了分设制度的合理性。主要体现在:

1. 优先租住原则

相对于原符合公租房租住条件的家庭,原符合廉租房租住条件的家庭收入更低,住房更加困难。并轨的制度设计尊重了这一现实,原廉租房保障对象可以优先享受已建成未入住或在建廉租房保障。

2. 弹性租金原则

根据原制度设计,廉租房与公租房相比,租金标准更低。并轨制度设计赋予了地方政府根据保障对象情况不同实行差别化租金,甚至是租金减免的选择权。

二、并轨对公共租赁住房管理的影响

1. 并轨有效防止了公共租赁住房资源的闲置与浪费

将公共租赁住房分为廉租房与公租房两类,并规定不能混合使用,往往导致保障房类别划分与保障对象人群划分不相匹配的现象,进而导致资源浪费局面的发生。

2. 并轨有效降低了公共租赁住房的管理成本

根据分设的制度设计,廉租房与公租房保障对象分别针对最低收入群体和低收入群体,准入门槛存在差异,不可调剂使用,这就使得政府必须实时动态掌握保障对象家庭收入变动情况。一旦廉租房租户家庭收入情况改善,已不再符合廉租房享受标准,就应当将其租住的廉租房清退,调整为公租房。显然,在监控保障对象家庭收入状况变动及调整保障性房源的过程中都会发生巨大的管理成本。

三、并轨对项目研究的影响

廉租房与公租房并轨运行,对于该项目研究不会产生太大影响。

1. 对于住房保障体系的动态优化研究而言,原廉租房与公租房分设的制度设计,是对于保障对象的进一步细分,有利于更加深入考查住房保障结构。

2. 对于住房保障体系构建的传统金融支持路径研究而言,将廉租房与公租房的融资渠道合并即可。

3. 对于住房保障体系构建的金融支持创新研究而言,也没有影响。在本章中,我们分别说明了REITs模式和BOT模式在廉租房和公租房建设中的运用。鉴于廉租房与公租房性质及其运行特征的高度相似,REITs模式和BOT模式同样适用于并轨后的公共租赁住房建设。

第十一章 棚户区改造及其融资安排

第一节 棚户区改造概述

一、棚户区特点及改造动因

(一)棚户区的特点

棚户区一般具有如下特点:房屋集中;住房简易破陋、抗灾性差;基础设施配套不全,居民生活条件差;人员结构复杂。棚户区居民生活不便,社会管理问题多,社会矛盾与冲突相对突出。

(二)棚户区改造动因

处于城市中的棚户区土地占用率较高,但利用效益低,不利于优化城市建设与经济结构。棚户区危旧房的存在,使得新旧城区城市结构难以协调,时代面貌难以凸显。因此,棚户区改造势在必行,它能够优化城市经济结构,帮助政府提振经济。

我国居民部门杠杆较低,财务情况良好,因此棚户区改造资金部分由居民买单,给相关部门带来的资金负荷相对较小。2013 年后,我国加快了棚户区改造的进程,2013 年至 2017 年共有 1000 万户被纳入改造计划。按照每户 20 万~30 万元投资核算,能够驱动 20000 亿~30000 亿元的投资。这使得棚户区改造在改善居民生活条件的同时,能提高我国的经济总量并促进就业。

棚户区大多位于城市的核心地段,土地利用不合理。大多数棚户区居民生活艰辛,依靠自身实力无法改变居住现状,但又迫切希望改善,在棚户区的改造中政府扶持尤为重要。棚户区改造可以同时实现城市土地利用效率提升和改善棚户区居民居住条件与生活困境的目标,同时还有利于城市土地紧张、住房供应短缺及房价上涨压力大这三大难题的解决。

二、棚户区改造的意义

棚户区改造直接意义是改善棚户区居民居住条件,但其实践意义不止如此。

棚户区改造体现了以人为本的宗旨。棚户区改造是政府社会责任的具体表现,能够提升政府在人民心目中的形象。棚户区改造在改善棚户区居民居住条件的同时,提高了城市土地利用效率,有利于政府更好地规划与建设城市。棚户区改造通过改善居民居住环境,可以引导棚户区居民改进生活方式与精神面貌,让他们以更加积极阳光的态度拥抱未来生活。

棚户区改造为老工业基地振兴提供抓手。2009 年 9 月 9 日,国务院发布的《国务院关于进一步实施东北地区等老工业基地振兴战略的若干意见》强调"继续做好煤矿棚户区改造工作。支持开展城市棚户区改造工作①。"棚户区改造工程对于老工业基地的振兴尤为重要:它可以改善老工业城市面貌,提升老工业城市形象;它有利于盘活社会资本,推动经济增长;它能够改善棚户区居民居住环境,带动居民的消费升级;它能够带来新的就业机会。

棚户区改造有益于城市价值再创造。棚户区改造所创造的商业、社会和环境及政府形象价值,使得其成效远超改造成本。其一,被改造的棚户区干净整洁,居民居住的状况得以完善;其二,棚户区改造居住地治安问题得以改善,居民在更为安全的环境里居住,也降低了相关执法成本;其三,棚户区的改造优化了城市的用地,城市布局与性能均得以优化。

棚户区改造可以减缓住房价格的过快上涨,有利于全国住房保障制度的完善。棚户区安置性住房基本是面积较小的户型,价格低,多数是为收入较低的回迁住户提供。棚户区改造是政府干预住宅市场的有效路径,可以

---

① 资料来源于国务院 33 号文件《国务院关于进一步实施东北地区等老工业基地振兴战略的若干意见》。

实现供需调节、防止房价大幅波动。

第二节　我国棚户区改造现状及一般融资模式

一、我国棚户区改造的现状

2008 年到 2012 年,我国共开工改造棚户区 1260 万户,占同期保障性安居工程开工总量的 40%,棚户区改造投入资金共计 19200 亿元。2008 年到 2012 年,棚户区改造完工的安置房约 750 万套。2013 年至 2017 年,我国棚户区改造的计划量共计 1000 万户,加上 2012 年前开工未完工的棚户区改造存量,五年中的建设量累计达到 1510 万套。

中央政府对于棚户区改造一直从土地政策、财政税收政策及银行信贷政策等多方面给予支持。2007 年至 2011 年,中央财政补助棚户区改造资金累计达到 730 亿元。其中,90% 以上的补助资金流向了中西部财政困难地区。

必须看到,随着棚户区改造的推进,改造难度也在不断加大。一般来说,现行改造的棚户区一般是所处地段商业价值较高且改造难度相对较小的棚户区,剩下的往往是改造成本较高且商业价值较小的棚户区。这就使得棚户区改造工作的推进面临如下难题:一是征地拆迁工作难度大;二是建设资金加大,筹资难度增大;三是政府及参与改造的机构积极性降低。

二、我国棚户区改造融资模式

"中央给一点、地方补一点、银行贷一点、企业拿一点、个人出一点、市场运作一点"是棚户区改造的资金来源。棚户区改造实际运行及资金组织主要有政府主导、半市场化与完全市场化三种模式。

(一)政府主导的投资方式

组建有政府背景的非盈利性事业机构,专司棚户区改造管理职能。机构的核心人员为政府部门的领导和管理人员。采用政府投资方式进行棚户区改造,政府不仅提供旧城改造的初始资金,而且是棚户区改造工程的融资担保人。棚户区改造所需资金可以通过以下三种方式解决：

1. 以熟地替代棚户区占地，将其以成本价交给土地管理部门，通过拍卖、挂牌等方式，土地管理部门出让土地。政府管控土地出让价格，获得改造资金。

2. 旧城改造管理部门得到政府授权，出让熟地，获得改造资金。

3. 投资者按熟地价格购买国有土地使用权，过程由城市土地管理部门负责。旧城改造公司改造尚未拆迁改造但已出让的土地，改造好的熟地再交付给投资者。在旧城改造过程中，地价款由投资者缴纳给政府，实行分期支付。政府的这一部分收入一是用来建设旧城改造区的市政，二是用来负担旧城改造的重建工作。

（二）半市场化投资方式

采用这种方式，资金来源多为民间投资，政府投资只起辅助作用。首先建立旧城区改造投资发展有限公司，公司启动资金通过吸收社会资金等方式筹集，筹资方式有旧城改造区域所在单位投资、各级政府投资、发行债券等。政府部门可以把尚未改造区域的土地出让给旧城区改造投资发展公司，政府部门以土地出让金入股方式成为公司股东。公司的收益来源是转让给其他投资者的熟地收入。采用这种方式时，开发者在利益驱使下，有提高土地转让价格的动机，不利于政府管控土地价格。

（三）完全市场化投资方式

政府将待拆迁区全权委托，开发商通过竞标，在其拥有土地使用权的同时，也承担该区域的拆迁与安置责任。开发商为了保证拆迁工作顺利开展，需要垫资。安置被拆迁户在前，拥有土地的使用权在后。房地产企业取得土地使用权后，进行项目融资并组织开发建设。较之前两种模式，这种融资模式更为宽泛。

三、一般融资模式运行中存在的问题

严峻的财政压力是棚户区改造融资中必须面对的巨大挑战。棚户区改造需要经过拆迁补偿、土地熟化与安置房建设等阶段，每一阶段都要投入巨额资金。虽然中央财政拨付一部分补助资金，但数量极为有限，棚户区改造存在巨大的资金缺口，需要地方政府或其他改造机构负责组织弥补。同时，由于棚户区居民往往并不肯定拆迁可以给他们带来更好的生活,这种不信任会导致拆迁工作无法顺利开展。这些棘手问题又会导致开发商对于棚户区改造项目或不愿接手,或接手后向银行贷款十分困难。

就现状来看,由于半市场化的投资方式有效地结合了政府与市场,使二者都能发挥作用,因此各地方政府更愿意选择这一方式。这一模式的优势在于:以政府信用为担保的贷款安全性较高,诸多银行等金融机构愿意敞开放贷之门,为棚户区改造遇到的资金困境提供了解决之道。然而这种方式也存在明显缺点:

一是贷款数额是受到限制的。银行及其他金融机构根据地方政府的财政收入和负债水平确定授信额度,贷款需要地方政府用未来的财政收入作为担保,同时往往还需要提供抵押品或质押品,这就使得可从金融机构获得的信贷额度受到很大的限制。

二是贷款期限短,资金管理成本与政府财政风险大。棚户区改造往往周期较长,改造过程中一旦出现资金问题,需要依靠银行贷款。如果贷款期限短于改造周期,能否实现续短为长,就成为一个现实问题。短借长用无疑会增大资金的管理成本。同时,如果到期银行不愿续贷,则必须还本付息,这就会增大政府的财政风险。

四、完善现行融资模式的政策建议

我国棚户区改造现有的融资渠道包括群众自筹、财政补助、企业支持、银行贷款与开发商垫资等。为顺利推进棚户区改造工作,现行融资模式必须从以下四个方面加以完善。

1. 市、县财政部门要按规定落实棚户区改造资金

现阶段,市、县财政可用于棚户区改造的资金来源于城市维护建设税等税费及土地出让金等。各市、县要根据棚户区改造任务要求将棚户区改造资金落实到位。要坚决杜绝企事业单位假棚户区改造之名行建设福利房谋取部门或私人利益之实的情况发生。

2. 省级财政部门通过以奖代补推进棚户区改造工作

中央政府拨付各省及各省省级财政安排的支持各市棚户区改造的资金,在具体分配时,要按照以奖代补的方式进行分配。"多干多补,少干少

补,不干不补",只有这样,才能有效地发挥上级财政资金的杠杆作用,对棚户区改造工作形成有效激励,推动棚户区改造工作的顺利进行。

3. 将棚户区改造工作与公共租赁住房建设工作结合起来

棚户区居民中的部分低收入群体符合公共租赁住房的保障标准,因此可以在棚户区改造时配建一些公共租赁住房。这样做的好处在于:一是让棚户区居民充分享有住房保障的权利;二是可以实现棚户区改造资金与公共租赁住房建设资金的混合使用,为棚户区改造提供新的资金来源渠道。

4. 赋予棚户区改造更多自由裁量权

如在棚户区居民安置方面,在尊重居民意愿的前提下,既可采用实物安置方式也可采用货币补偿方式;在融资渠道的选择上,既可采用传统融资方式,也可采用创新融资方式等。

为了清晰认识棚户区改造及其融资情况,课题组对蚌埠市相关情况进行了深入调研,调研结果见附录5。

第三节　棚户区改造融资模式创新:以 ABS 模式为例

一、ABS 模式适用性

资产证券化是发起人将流动性差但能够产生未来现金流的资产变为流动性强且可自由买卖的证券。从被证券化资产角度出发,资产证券化主要有两大类:一是住房抵押贷款支持的证券化 MBS(Mortgage-Backed-Securitization);二是资产支持的证券化 ABS(Asset-Backed-Securitization)。ABS 主要特征包括:ABS 筹集资金的方式是发行证券,证券由资产转换而来,资产是证券的实物担保,证券收益源于资产未来现金流;ABS 属于直接融资,没有所谓的第三方,投资者直接购买,购买与否的决策依据就是资产的质量与信用水平。

在棚户区改造的过程中,能够形成一批具有未来收益的资产,如在棚户区改造时配建的商业设施、车库等,都能够在未来产生较为稳定的现金流,因而 ABS 模式对于棚户区改造融资是适用的。

二、棚户区改造引入 ABS 模式的可行性

棚户区改造一般具有较强的商业化特征。棚户区改造能够有效提升棚改区的住房容积率,拆迁户还原后,会留下数量较多的商业用房,所以 ABS 模式对于棚户区改造项目具有较强的适用性,下面分析其可行性。

1. ABS 模式在增加棚户区改造资金来源渠道的同时,能够有效降低棚户区改造融资成本。ABS 模式在具体运作过程中涉及的主体仅包括原始权益人、特别目的公司(SPC)、证券承销商与证券投资者,融资过程中的中间费用相对较低。同时通过信用增级可以提升证券信用等级,所以能够有效降低融资成本。

2. ABS 模式可以实现分散投资,且可以实现风险隔离。以 ABS 模式发行的证券一般面额较小,一般的投资者均可投资,为投资者分散投资提供了又一可行路径,同时也扩大了棚户区改造的资金来源面。另外,ABS 运作模式实现了证券风险与原始权益人风险的隔离。

3. ABS 模式为参与棚户区改造的企业解决了后顾之忧。由于通过 ABS 模式吸收的资金并不表现为公司负债,也不反映于公司的资产负债表,这就使得公司在获得资金来源的同时,企业的杠杆率不会因此提高,因而解决了企业的后顾之忧,还可为企业带来更多投资机会。

4. ABS 模式的信用增级过程提升了证券投资的安全性。原始权益人将资产转让给 SPC 后,SPC 可通过资产组合、担保等多种方式为证券资产进行信用增级,信用增级提升了证券投资的安全性,保障了证券投资人利益。

通过上面的分析可以看出,在棚户区改造中引入 ABS 模式,可以扩大资金来源、降低资金成本,同时,原始权益人及证券投资者的利益均可得到较好的保障,因此具有较强的可行性。

三、ABS 模式在棚户区改造中的运用

(一)棚户区改造 ABS 模式运作流程

1. 确定证券化资产

ABS 模式并不适用于所有的棚户区改造项目。为确保 ABS 模式成功运作,应选择所处地块商业开发价值大的棚户区改造项目作为证券化资产。

唯有如此,方能保障资产支持证券的顺利出售,确保融资的成功。

2. 组建 SPC

组建 SPC 是 ABS 运作的基本条件。SPC 组建后,原始权益人将证券化资产出售给 SPC,实现与原始资产的有效隔离。SPC 可以是信托投资公司、信用担保公司,也可以是其他合格的独立法人。

3. 资产支持证券的信用增级

SPC 通过资产组合、寻求担保、提供抵押与质押等多种方式实现对资产支持证券的信用增级。信用增级过程是确保证券成功出售的关键环节,同时也是降低融资成本的重要手段。

4. 证券发行

SPC 可自己发行亦可委托其他机构发行资产支持证券。发行证券募集的资金用于指向的棚户区改造项目。

5. 还本付息

SPC 定期向证券投资人支付利息,到期还本。

(二)ABS 模式运作中需关注的问题

1. 高度关注 ABS 模式运作中的风险

作为一种创新型金融工具,虽然相对于传统融资模式具有一定的优越性,但在运用过程中,必须清醒地认识到它的风险,如证券化资产的质量风险、发行风险、定价风险及信用风险等。

2. 提升 ABS 融资模式的大众接受度

在我国,ABS 模式的运用起步晚,一般的社会公众还缺乏对 ABS 模式的基本认识,因此推广运用 ABS 模式的基本前提是提升 ABS 融资模式的大众接受度。

3. 完善相关法律法规,推进相关制度建设

制度建设是 ABS 融资模式成功运作的关键,只有通过制度建设保障 ABS 融资模式的规范运作,才能够使得 ABS 融资模式在棚户区改造项目中得到较为广泛的成功运用。

第十二章　商品类保障房建设及其融资安排

第一节　商品类保障房概述

一、商品类保障房内涵

商品类保障房,顾名思义是具有一定商品属性的保障房,建成后按一定价格出售给保障对象,其保障特征体现为其销售价格显著低于市场价格。它以具有一定支付能力的中等收入城镇居民家庭为保障对象。建筑特点为满足基本居住需求的小户型。商品类保障房建设可以有效动员城镇中等或中低收入家庭金融资源运用于住房保障领域,是解决该群体住房问题的有效路径。

商品类保障房主要包括经济适用房及近几年发展起来的"两限房"。经济适用房适用对象为中等偏低收入家庭,政府无偿划拨土地、集中建设,建设区域主要在主城区边缘或远郊;单套面积限制在 60 平方米以内;政府以保本微利原则确定价格;购买之初,购买者对住房拥有有限产权,满足一定条件后可获得完全产权;在获得完全产权之前,房屋只能用于自住。限价房适用对象为中等收入家庭,在限套型、限房价的基础上按竞地价、竞房价的招标办法确定承建商;单套面积限制在 90 平方米以内;价格由政府将地出售给开发商时确定;购买之初,购买者对住房拥有有限产权,满足一定条件后可获得完全产权。

二、商品类保障房建设动因分析

商品类保障房是解决中等(中低)收入家庭住房问题的重要途径。在房价不断上涨的背景下,很多中等(中低)收入家庭没能力购买商品房。商品类保障房的单位面积销售价格显著低于普通商品房,加上其小户型特征,商品类保障房单套售价符合中等(中低)收入家庭的负担能力。政府提供住房保障的路径主要有商品类保障房、廉租房和公租房。廉租房与公共租赁房主要出租给低收入家庭,商品类保障房主要出售给中等(中低)收入家庭。如果没有商品类保障房,中等(中低)收入群体或成为"夹心层",或加入廉租房与公租房保障竞争群体,这就会加大政府建设租赁型保障房的压力。而对于租赁型保障房的建设,政府前期投入大,后期还要背负很大的还本付息压力,会给政府特别是地方政府带来难以承受的财政负荷。

以商品类保障房建设来实现城镇居民的住房保障目标,地方政府的财政负荷不仅较小,而且负荷不会长期存在。在商品类保障房供给的过程中,开发商是建设与融资主体,地方政府通过无偿划拨建设用地作为对开发商建设商品类保障房的支持,这当然会减少地方政府当期的土地出让收益;开发商利用自有资金及外部融资建设商品类保障房,建成后在规定的利润空间内确定保障房销售价格,将其出售给符合条件的家庭;城镇中等(中低)收入居民家庭以显著低于市价的价格获得商品类保障房的有限产权与居住权。可见,商品类保障房制度,使各参与方都分担了一部分资金压力,政府的财政负荷相对较低,且不会形成未来的财政负荷。

第二节　商品类保障房建设现状及其融资路径

一、商品类保障房建设状况

由于经济适用房利润较低,房地产开发商投资经济适用房的热情逐渐减退;同时在开发过程中出现的质量问题及分配过程中出现的分配不公甚至是腐败现象,使得经济适用房作为"安民工程"的形象大打折扣。在此背景下,自 2010 年起,政府基本停止了经济适用房建设项目。所以 2010 年以前,商品类保障房供给渠道主要为经济适用房;2010 年以后,商品类保障房供给渠道主要为"两限房"。

二、商品类保障房建设制约因素

通过相关文献调研及课题组实地访谈,制约商品类保障房建设的主要因素包括以下几个方面。

1. 申请人申请资格甄别困难

甄别商品类保障房申请人资格,关键在于明晰申请家庭的收入状况,由于信息的不对称,要做到这一点是十分困难的。这就会导致一些不符合申购条件的家庭通过虚报收入的方式获取商品类保障房购买资格。申报条件模糊或申报条件难以甄别等因素的存在,让一些不满足规定条件的人有机可乘,使许多非中等(中低)收入的家庭获得商品类保障房购买资格,而那些真正符合条件的家庭却无法获得该类住房保障。

2. 腐败与非法获利难以避免

商品类保障房价格显著低于一般商品房的特征,使得在监管不力的情况下,容易滋生非法获利甚至是腐败行为。一些城镇居民家庭通过瞒报收入等非法方式获得商品类保障房购买资格,在取得商品类保障房后继而在住房二级市场转手,从中获取暴利;更为甚者,通过各种路径取得多套商品类保障房,在非法获利的同时,严重败坏社会风气。还有一些政府公务人员利用手中的权力与收入界定的模糊性,本人或其关系人购得商品类保障房,从而滋生出腐败行为,也从根本上违背了社会公平分配的原则。

3. 选址等因素导致非经济性

主要体现在两个方面:①商品类保障房建设很多地处城市边缘地区,这会给商品类保障房购买家庭日后生活增加其他成本,如去市区上班的时间成本与交通费用的增加;对于有子女的家庭,还会带来孩子上学的不便或受教育质量的下降等。②一些建设在二、三线城市的商品类保障房,其价格与商品房价格差异不大。同时商品类保障房在产权方面的劣势,会使一些符合条件的家庭放弃购买。

4. 产权安排与质量问题

商品类保障房自购买之日起在五年内不能买卖。在达到规定期限后,需要缴纳一定的土地出让金才能够成为一般商品房。这样的产权安排,虽然合理,但客观上也使得一些中等(中低)收入城镇居民家庭力图通过商品房市场解决居住问题。同时,由于商品类保障房一般利润较低,开发商为了追求利益最大化,努力降低成本,致使商品类保障房建设质量得不到保证。

三、规范发展商品类保障房

商品类保障房建设存在必要性,因此需要发展;同时商品类保障房的发展又存在诸多问题,因此必须予以规范。

1. 规范商品类保障房上市交易

商品类保障房容易滋生腐败与投机行为,腐败分子与投机者看中商品类保障房与一般商品房的中间差价,试图利用差价获利。因此,必须进一步规范商品类保障房的上市交易。

2. 赋予商品类保障房购买者融资便利

对购买商品类保障房的家庭提供银行贷款便利,可由政府或政府委托机构为其提供信用担保。对于那些符合商品类保障房申购条件的中低收入家庭,在其缺乏一次性房款支付能力的情况下,政府或政府委托机构为其提供信用担保,可以达到提升其信用等级的效果,使得它们成为银行合格的贷款主体。如果这些被担保家庭贷款后不能按期还本付息,政府需要为其代偿贷款本息;一旦这种情况持续时间较长,政府便收回房屋,将其出售给其他符合条件的家庭以回笼代偿资金,同时安排租赁型住房给房屋被收回的家庭居住。

3. 明晰并严格执行申购条件并进行后续监管

明晰申请条件,保证符合条件的家庭可以申购商品类保障房;强化申购人收入情况审查,建立申购人征信系统,避免出现“制度性造假”;加强申请人购买商品类保障房之后的监督管理,确保其保障用途的发挥,对于购买后长期空置的行为进行处罚,如果空置时间超出规定限度则执行回购;坚决杜绝购买商品类保障房后用于出租或转卖的行为,一旦发现,坚决收回其商品类保障房购买资格并给予处罚,情节恶劣的需追究法律责任;进一步完善商品类保障房管理细则,保证管理过程的规范性与严肃性。

4. 提升商品类保障房使用经济性

商品类保障房建设在选址过程中,应充分考虑被保障家庭的生活便利性,防止给这些家庭带来额外的生活成本;防止商品类保障房建成后遭遇弃购,造成保障功能的散失和资源浪费;同时也要有效防止"居住隔离"效应的发生。要严格执行国家关于商品类保障房建设面积标准的政策,坚决开发中小户型商品类保障房。

5. 分离建设与销售环节

商品类保障房开发主体只需要负责建设工作,政府通过专门机构负责商品类保障房销售工作。专门机构在销售商品类保障房过程中应严格甄别筛选购房者的收入状况,限制购买数量,打击腐败及房产投机行为。对于专门机构的销售工作,政府要通过适当方式予以监管。

四、商品类保障房建设融资路径

(一)商品类保障房融资路径的一般描述

商品类保障房主要包括经济适用房及近几年发展起来的"两限房"。其中,经济适用房资金基本来自银行贷款与政府暂借,还包括预售房款和建筑开发公司自筹资金,其中银行贷款占主导地位。"两限房"资金来源与经济适用房基本相同,但不包括政府暂借资金。

(二)商品类保障房融资的现实制约

1. 资金来源渠道和方式单一

我国商品类保障房现阶段的外部融资渠道主要是住房公积金、银行信贷和财政补贴。开发商对商业银行贷款的依存度很高,如何更加有效地获得外部融资是推进商品类保障房建设亟须解决的问题。

2. 银行支持力度不够

商品类保障房从开发建设到市场销售的整个过程都和银行信贷紧密相连。

就销售环节而言,商品类保障房的购买者主要是中等(中低)收入家庭,家庭收入不高,绝大多数家庭都无法一次性交足房款,因此基本都需要向当地银行申请分期按揭付款,但是并不是所有的中等(中低)收入家庭都能从银行顺利地获得贷款。

就开发环节而言,银行对于商品类保障房开发授信执行与商品房开发授信同样的运行模式,由于商品类保障房开发利润率较低,部分银行对于商品类保障房开发授信设置更高的门槛。一些银行规定对于商品类保障房开发一般不给予信贷支持；也有一些银行在对商品类保障房开发项目进行信贷审核时，要求开发商自筹资金比例不低于35％。同时，商业银行对于商品类保障房开发贷款执行与商品房开发贷款无差别利率。这就使得以"保本微利"原则进行的商品类保障房开发商的利润空间被进一步压缩，一旦工程因故未能如期建成，资金成本可能蚕食全部利润甚至导致亏损。

商品类保障房可能遭遇的销售困难甚至是弃购现象的出现，再加上巨大的资金成本，使得商品类保障房开发商与贷款银行承担着较大的开发与融资风险，制约了开发商参与开发和银行参与贷款的积极性。

3. 住房公积金效果发挥有限

抑制住房公积金在商品类保障房开发与销售过程中发挥作用的因素主要有以下三个方面：

一是我国住房公积金的覆盖面较低（截至2012年，全国还有近40％的"在职职工"没缴存住房公积金），使我国住房社会保障范围的广泛性偏低。

二是住房公积金运作效率有待提高。对于商品类保障房申购者而言，公积金贷款较为烦琐的申请程序和较长的等待时间，往往将一部分中低收入家庭拒之门外；对于商品类保障房开发商而言，公积金在商品类保障房开发资金来源中的占比几乎微不足道。

三是住房公积金管理需进一步规范。应建立更加完善的监督机制，避免违规现象的发生。住房公积金的多头管理体制以及内部监控的薄弱，使得挪用与违规使用现象时有发生；一旦出现这些违规现象，打击力度往往不够。这也在很大程度上制约了公积金支持商品类保障房作用的发挥。

4. 相关方针政策与法律法规有待完善

主要体现在如下四个方面：

(1)要强化政策的前瞻性

商品类保障房开发与分配需要经历一个复杂的流程，从土地供应到拆迁补偿到开发商组织资金开发建设，再到对申购者进行申购资格审核与完成出售及资金回笼，整个开发与销售周期较长。而且，每一个环节的完成往往受多种因素的影响，因此政府在制定相关政策时，应当具有前瞻性。

(2)要进一步完善商品类保障房定价机制

现行商品类保障房定价可以采取两种模式，即执行政府部门指导价或执行开发商在管理部门的报备价。无论采取哪种定价模式,均需坚持"保本微利"的原则,在政府部门允许的利润空间内定价。开发商在定价时,需要在购房者购买能力与开发利润间进行平衡:定价高了,超出了申购家庭的购买能力,商品类保障房销售就会出现困难,开发商的资金回笼就无法实现;定价低了,开发商获利空间就小,他们参与开发的积极性就低。在现实运行中,主要是第二种情况即受政策制约开发利润低的情况是一种常态。

(3)要通过政策调整提升银行贷款收益风险匹配度

为了推进商品类保障房建设,政府出台了一系列优惠政策,这些政策优惠的针对主体是保障房开发商,对于给开发商贷款的银行却很少涉及。这就使得商业银行在对商品类保障房开发商提供贷款时,缺乏积极性。因为商业银行发放商品类保障房开发贷款风险度较高,在没有政策支持的情况下,只能靠提高利率,保证收益与风险相匹配。由于贷款缺乏积极性及贷款利率较高,商品类保障房开发商在建设保障房时,组织资金往往难度很大,进而造成建设工程不能按期完工。工期的延误又导致其资金占用时间被拉长,继而蚕食本就很低的利润。

(4)要消除银行信贷中存在的不良资产处置法律障碍

如:根据有关规定,商品类保障房不得上市、不得拍卖,也不得变卖或抵债。通过银行贷款购买商品类保障房的家庭,一旦出现不能按期还本付息的情况,银行对该类不良贷款缺乏处置路径。

第三节 商品类保障房建设融资模式创新: 以 PPP 模式为例

一、PPP 模式的适用性分析

PPP 模式运用于商品类保障房建设,就是政府与私营房地产开发商合作开发商品类保障房项目。政府与开发商之间通过签署合同的方式,明确双方的责任与权利。在开发中,双方利益共享、风险共担。成功运用 PPP 模式的关键在于保证双方责任与利益的均衡。

1. 运用 PPP 模式开发建设商品类保障房,可以有效减低各方融资负荷。相对于政府单独组织商品类保障房开发或房地产开发商单独承担商品类保障房开发任务,PPP 模式提供了融资负荷的分担机制,既可以降低政府在一定时期的财政负荷,也缓解了开发商的融资压力。

2. 运用 PPP 模式开发建设商品类保障房,可以推进政府转换职能。在运用 PPP 模式开发建设商品类保障房的过程中,政府主要需要负责项目制定以及在商品类保障房开发商与银行等部门之间充当协调者的角色,建设过程由开发商组织执行。这种运作模式有利于发挥多主体优势,同时也有利于促进政府由管理型向服务型转变。

3. 运用 PPP 模式开发建设商品类保障房,有利于加快商品类保障房的建设进度,进而可以有效防范由于工期延误给开发商带来的损失。前面已经说过,商品类保障房开发从土地供应到拆迁补偿再到组织资金开发建设,是一个复杂的流程,运用 PPP 模式,政府作为建设主体的一部分,对于保证流程的顺利推进、加快建设进度是十分有利的。

4. 运用 PPP 模式开发建设商品类保障房,可以提升房地产开发商的融资能力。PPP 模式对于商品类保障房建设效率的提升,降低了房地产开发商建设商品类保障房的风险,有利于保证其利润实现,这就可以提升银行发放商品类保障房开发贷款的积极性,提升房地产开发商的融资能力,同时也有利于降低融资成本。

5. 运用 PPP 模式开发建设商品类保障房,可以有效提高建设效率。政府与房地产开发商协同开发商品类保障房,可以充分发挥双方优势,使得前期的可行性分析更加充分,方案设计更加科学;既可以充分发挥政府在组织行政资源解决商品类保障房开发中诸如土地供应、拆迁补偿等方面的长处,又可以提升民营企业在商品类保障房建设中的运营管理效率。

二、商品类保障房建设引入 PPP 模式的可行性

对地方政府而言,通过引入 PPP 模式来发展商品类保障房的投入比传统方式小很多,因而是一种值得尝试的做法。商品类保障房建设引入 PPP 模式是否可行,关键在于 PPP 模式是否更好地保障商品类保障房开发商利益。

1. 运用 PPP 模式开发建设商品类保障房,有利于降低开发商承载的风险。开发商参与商品类保障房建设面临的风险主要包括:融资风险、工期延误风险、销售风险及通货膨胀风险等。就融资风险而言,商品类保障房建设相对于租赁型保障房建设而言,前期投入的资金量大,因而开发商承载的融资风险更高,PPP 模式由于有了政府的参与,有利于提升开发商融资便利性和降低融资成本。就工期延误风险而言,政府的参与可以更好地保证开发流程的顺利进行,因而可以减少工期延误现象的发生。就销售风险而言,政府与开发商共同参与,可以保证商品类保障房建设选址与设计更加科学,因而可以更加有效地防止"弃购"现象的发生。

2. 运用 PPP 模式开发建设商品类保障房,有利于保障开发商的利润实现。资金组织的便利与成本降低、开发流程的顺利实现以及销售的及时完成,以及在与政府签署相关合同时,关于开发商利益保障的约定,使得商品类保障房开发商的利润实现更有保障。

三、PPP 模式在商品类保障房建设中的运用

(一)商品类保障房建设 PPP 模式运作流程
商品类保障房建设 PPP 模式的运作分为五个阶段:

1. 项目确认

为解决中等(中低)收入家庭的基本住房问题,地方政府部门需要因地制宜做好商品类保障房建设规划,并委托评估机构评估规划的科学性。评估机构在对具体项目进行评估时,主要评估商品类保障房建设项目的必要性、建设模式选择的科学性以及项目建设可能存在的风险。评估的主要依据包括:政府的财政投入、开发商的资金比例与来源渠道、开发商的经营管理能力、方案设计与现行政策、法律的匹配状况等。

2. 项目招标

采用 PPP 模式开发建设商品类保障房项目确认后,地方政府组织招标,投标人(房地产开发商)根据其自身的实力情况与商品类保障房建设项目的具体情况撰写标书,政府部门择优定标,并公布结果。政府部门在定标后,需要与中标的公司协商建立特设机构(SPV,Special Purpose Vehicle),SPV 负责项目管理与实施,具体包括项目融资、材料购买和组织施工等工作。

3. 项目建设

SPV 成立后，政府与商品类保障房开发商根据双方所签署的协议要求共同开发建设商品类保障房项目。由 SPV 负责与银行签订融资协议，办理相关保险事宜，并与项目设计单位、施工单位及材料供应单位等签订合同并组织实施。政府部门随后的主要职责是对开发建设情况进行监督，开发商随后的主要职责是保证项目建设过程的顺利实施。

4. 项目运营

SPV 拥有商品类保障房相关配套设施的运营管理权，房地产开发商通过 SPV 享受政府的优惠政策，获取相应收入。项目运营过程中，政府部门以及作为主要利益关联方的贷款银行需要对项目的运营情况进行监督。

在此，必须说明的是，运用 PPP 模式建设商品类保障房的主要目的是同时发挥政府和开发商两个方面的优势。由于商品类保障房建成后，即出售给保障对象，所以 SPV 拥有的并非商品类保障房自身的经营管理权，但政府可通过协议方式将配套设施（包括车库等商业资产）在一定时期内的经营管理权赋予 SPV，以确保投资人参与的积极性及其合理收益的获得。

(二)PPP 模式运用需关注的问题

1. 完善相关法律法规

PPP 模式在我国目前还处于摸索阶段，相关的法律法规尚处于建立与完善过程之中。

2. 明晰各参与方的责任

该模式的关键是明确规定各参与方的责任与风险，这样有利于提升多方参与的积极性，同时也有利于控制项目建设风险。

第十三章　中国住房保障融资风险及其控制

伴随中国城镇化的快速进程,保障房建设时间紧、任务重,在相对较短的时间内,保障房体系构建的融资负荷很大。为了促进住房保障体系建设,地方政府积极寻求资金来源渠道、探索新的融资模式。多元化的融资渠道与融资方式的使用,使得我国的住房保障体系构建取得了举世瞩目的成效;与此同时,也使得我国经济的杠杆率快速提升,保障房融资引致的风险成为我们不得不正视的现实存在。剖析保障房融资的风险构成、明晰保障房融资风险的形成与传导机制、评估风险大小、探索风险管控方法,对于推进我国住房保障体系优化,甚至对于保障我国宏观经济的平稳有序运行,都有着十分重要的意义。

第一节　中国住房保障融资风险及其传导机制

一、中国住房保障融资风险

中国住房保障融资的特点决定着其风险特征。因此,分析中国住房保障融资的特点是分析住房保障融资风险的基础。

(一)中国住房保障融资特点分析

1. 住房保障融资的共性特征

住房保障融资的共性特征在于投资回报率低、资金使用周期长。

(1)投资回报率低

投资回报率低是由住房保障自身特点决定的,商品类保障房虽然能够通过出售较快地回收资金,但在现行政策约束下,该类保障房的定价模式为保本微利。而租赁性保障房前期投入大,在适用低租金的运行模式下,所收租金甚至难以满足日常管理与维护。

(2)资金使用周期长

这一方面由房地产行业自身特点决定,另一方面由住房保障融资自身特点决定。住房建设一般以 2 至 3 年为一个周期,所以房地产开发本身就是长周期的。同时,住房保障融资与一般的商业房地产开发在融资方面又有不同之处。普通商品房开发一般是先由开发商垫资拿地,再用土地作抵押从银行获得贷款,然后通过预售方式获取资金归还贷款。在住房保障融资过程中,除商品类保障房可以按照上述流程回笼资金外,租赁性用房则需要通过收取租金获得资金回笼,这个周期短则 15 年,如果考虑资金成本因素,甚至几十年也无法收回投资。

2. 中国住房保障融资的个性特征

中国住房保障融资除具有以上共性特征外,还具有融资负荷大、融资模式相对单一,进而导致融资主体风险集中的个性特征。

(1)融资负荷大

前文已经谈到过这一问题,那就是中国的城镇化进程很快,因此在很短的时期内,需要建设大量的保障房。根据国家统计局 2015 年 1 月 19 日发布的 2015 年我国国民经济运行情况数据,截至 2015 年底,我国城镇常住人口已超过 7.7 亿人,城镇人口占总人口比重达到 56.1%;而 1980 年底,我国的城镇化率为 19.4%。三十五年间,我国的城镇化率提升了 36.7%,平均每年提升超过 1%。大量人口快速进入城镇,住房作为生活必需品,其建设任务相当繁重。每年 1% 的城镇化速度,意味着每年大约有 1500 万人口从农村进入城市,以每户可容纳 3.2 人(前文已有说明,每户 3.2 人为调研数据)为标准,仅是为满足城镇新增人口的居住需求,每年需建成住宅 469 万套。其中相当部分需要通过住房保障体系加以解决,加上城市存量人口的住房保障需要,我国在较短时期内需要建成的保障房数量庞大,需要的资金量自然也十分庞大。

(2)融资模式相对单一

现阶段我国住房保障资金来源主渠道为财政资金与银行贷款,近年来通过发行债券也成为住房保障融资的一条可选路径。住房保障体系建设中的财政资金来源包括中央财政预算资金和地方财政配套资金。2009 年至 2012 年,我国为推动保障房建设,财政共投入资金达 11403.16 亿元,其中中央财政投入为 1152.64 亿元,地方财政投入为 10250.52 亿元。地方财政投入是财政资金投入主渠道,其来源主要为土地出让收益,公积金增值收益也是辅助来源之一。

银行贷款也是我国住房保障体系建设的重要资金来源渠道。在提供贷款的诸多银行中,政策性银行是提供保障房建设贷款的主体。截至 2013 年末,国家开发银行为保障房建设累计提供贷款 6235 亿元,期末余额达到 4363 亿元[①]。2011 年与 2012 年是我国保障房开工建设数量高峰,在金融机构对房地产开发贷款发放总量下降的背景下,银行对保障房建设贷款却在增加,保障房开发贷款在房地产开发贷款中的占比相较于 2010 年提高了 16.4%。2011—2013 年金融机构房地产贷款投向如图 13-1 所示。

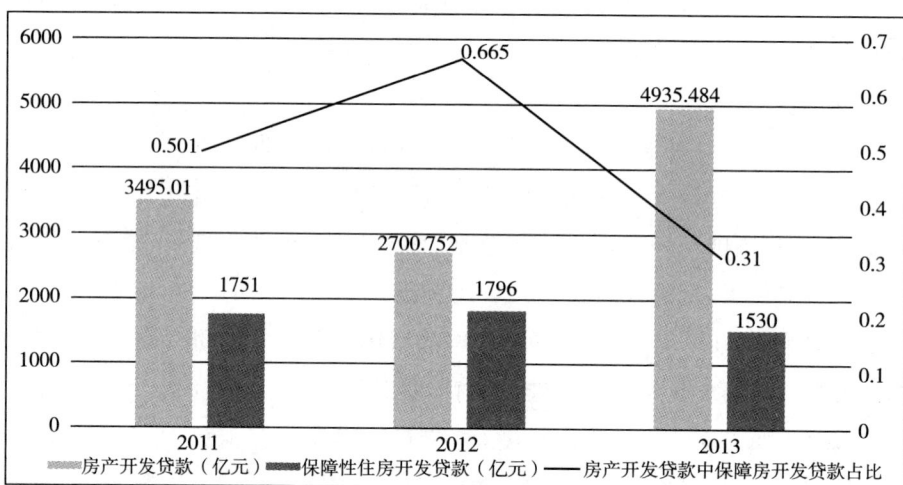

图 13-1 2011—2013 年金融机构房地产贷款投向

数据来源:人民银行网站

为了顺利实现我国"十二五"期间的保障房建设任务,政府出台相关政策

---

① 中研网:http://www.chinairn.com/news/20140412/102018627.shtml

拓展保障房建设资金来源。其中,发行保障房类债券成为积极并且成功的探索。2011 年与 2012 年,我国保障房类债券发行规模累计达 2350 亿元①。

2014 年,为了推进棚户区改造工作,政府适度放宽了参与棚户区改造企业发行债券的条件,这使得企业参与棚户区改造的积极性得到很大的提升,同时也有效拓展了棚户区改造的资金来源②,使得我国的棚户区改造工作得以顺利推进。

住房公积金和社会保障基金作为公共资金,对于保障房建设的参与通过试点也已取得初步成效。2009 年,住房城乡建设部等七部委联合发文《关于利用住房公积金贷款支持保障性住房建设试点工作的实施意见》,提出以保障资金安全为前提,发挥公积金对住房保障体系构建的支撑作用,根据该文件精神,用于保障房建设的住房公积金最高可达到公积金结余资金的50%。2010 年,北京、天津等首批试点城市启动公积金委托贷款支持保障房建设项目。2011 年 2 月,国家社保基金首次采用委托贷款方式,为南京市保障房建设项目注入资金 30 亿元③。

虽然为了推动我国保障房建设,政府不断开发新的资金来源渠道,但总的来说,资金来源渠道依然处于较为单一的状态,需要进一步拓展。

二、我国住房保障融资风险

(一)财政风险

我国住房保障资金来源渠道相对单一,且高度依赖政府的财政资金,使得我国住房保障融资风险首先表现为财政风险。2009 年以后,随着我国住房保障体系建设加速,住房保障资金在财政支出中的占比迅速提高。2009年,住房保障资金在财政支出中的占比为 1%,2012 年住房保障财政支出总额为 3800.43 亿元④,住房保障资金在财政支出中的占比达到 3.6%。而在财政资金来源中,公共预算支出是关键主体,占财政支出的 82%。

---

① 东方财富网:http://finance.eastmoney.com/news/1350,20130423287141442.html
② 发改办财金〔2014〕1047 号。
③ 新华网:http://news.xinhuanet.com/fortune/2012-07/11/c_112414249.htm
④ 2015 年,4881.01 亿元,财政部。

公共预算支出作为保障房建设资金来源的关键主体,对于推进我国住房保障体系建设发挥着不可替代的作用(2012 年我国保障房融资财政资金结构见图 13-2)。预算资金来源的主渠道是税收,随着我国经济进入新常态,经济增长从高速转向中高速或中速,与此相对应,税收增长速度必然也会呈现下降态势;同时,政府的公共预算支出项目需要根据社会经济发展状况进行动态调整,这也使得政府可用于住房保障建设资金的比例处于动态调整之中;近年来,我国财政赤字不断增加,这也约束了政府增加支出的空间。

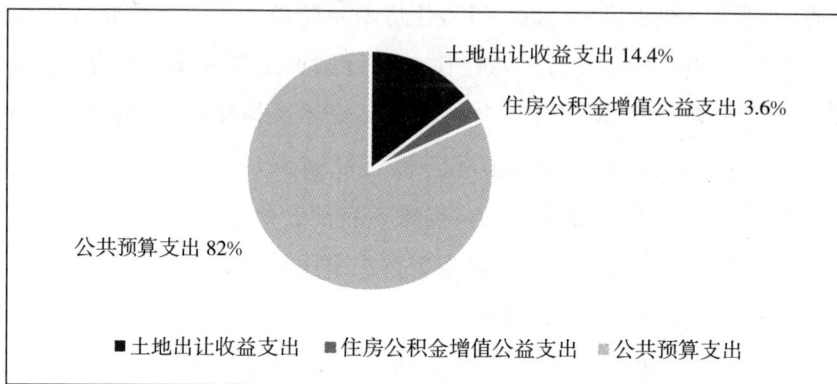

图 13-2 2012 年我国保障房融资财政资金结构

数据来源:财政部网站

根据现行政策,地方政府投入住房保障体系构建的土地出让收益不得低于净收益的 10%,土地出让净收益是指土地出让收益扣除相关费用后的余额。2012 年,全国土地出让收益总额为 5813.8 亿元,其中,投入住房保障工程的资金为 593.01 亿元,占比 10.2%[①]。关于该项资金来源,我们必须用动态的眼光去审视其未来趋势,土地出让收益的多寡取决于房地产市场发展状况。随着房地产开发的日趋饱和,该项收益将呈现下降势头。

我国保障房建设体量大,"十二五"期间是集中建设时期,之后我国的保障房建设依然任务繁重,在预算内收入增长速度放缓、土地财政难以为继的情况下,保障房建设的财政资金来源存在一定的不确定性;同时,保障房建

---

① 搜狐财经:http://business.sohu.com/20130425/n373985017.shtml

设需要投入的巨额资金给财政带来巨大负荷。在财政赤字逐年加大的背景下，必须正视住房保障融资的财政风险。

(二)金融风险

在保障房建设资金中，银行信贷也是十分重要的资金来源。为了顺利完成保障房建设任务，在地方政府不是合格信贷主体的背景下，地方政府采用了"变通"的做法，它们往往通过设立地方融资平台或借助已有的地方融资平台为保障房建设融资。该部分债务直观上体现为地方融资平台债务，究其本质而言，属于地方政府的"隐性"债务。

在地方融资平台为保障房建设融资的过程中，土地等是最为重要的抵押物，在房地产市场发生变化、土地价值下降的情况下，以土地为抵押的贷款就存在遭受损失的可能；同时，在现实中还存在虚假评估资产价值与将资产作重复抵押的问题，这就会进一步加大住房抵押贷款融资风险。

当参与保障房建设的地方融资平台运营不佳，它们不能偿还保障房建设贷款时，还款责任将转嫁于地方政府。一旦出现这种情况，贷款银行对于贷款的追索将面临更多的问题：首先是追索权取得的法律依据尚不明确；其次是地方政府财政赤字逐年上涨，偿还能力存在很大问题。

以上论述的主要是银行保障房建设贷款的信用风险。此外，由于保障房建设贷款基本上都是中长期贷款，这会对贷款银行的资产流动性形成制约，由此可能引发银行的流动性风险。

三、住房保障融资的风险传导

通过上面的分析不难看出，住房保障融资风险直接体现为财政风险与金融风险，且两者之间呈现相互交织的状态。住房保障融资风险可在金融机构、地方融资平台与地方政府间相互传递。

金融机构提供的住房保障建设贷款发放的对象为保障房建设主体，其中主要为地方融资平台，由此金融机构与地方融资平台之间就产生了债权债务关系，地方融资平台负有还款义务。地方融资平台是地方政府"控股"的机构，地方政府注资的主要方式是投入土地。所以地方融资平台还款一般采用土地变现与"借新还旧"的模式。伴随着地方融资平台的债务积累与过度负债，当土地市场交易出现逆转，其融资风险进一步暴露，届时银行出于保障资金安全的考虑,必将收缩信贷,地方融资平台将可能由于资金链断裂或资不抵债而破产。

当地方融资平台破产或失去偿债能力,地方融资平台的偿债义务将转嫁给地方政府。分税制改革以后,地方预算收入仅能维持"吃饭财政",地方建设资金来源主要靠出让土地。在地方财政收入不能实现有效增长的前提下,地方政府难以正常履行其代偿义务。

如此,金融机构发放的保障房建设贷款就无法按期收回,进而导致金融机构不良贷款与坏账损失的增加,银行因此产生流动性不足甚至偿付能力不足的风险。一旦社会公众对金融体系的信心发生动摇,甚至会诱发系统性金融风险(图13-3)。

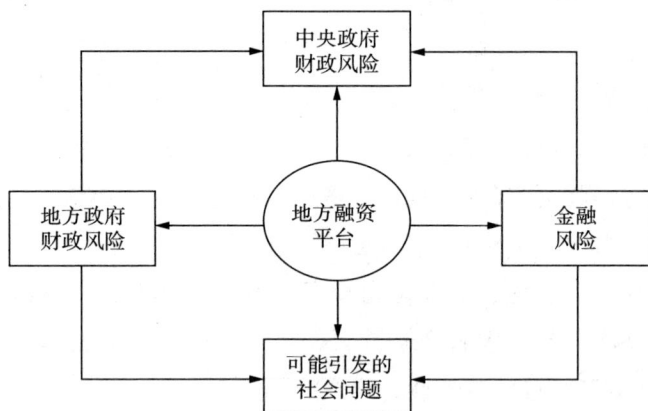

图13-3　住房保障金融风险传导机制

住房保障融资风险呈现的财政风险与金融风险相互交织、相互传递的特征必须加以高度重视。在实践中要严密监测,审慎处理,避免系统性风险的发生。

第二节　中国住房保障融资风险测度

我国现行的住房保障供给采用以实物供给为基础的租售并举模式。以实物供给为基础,是指在提供住房保障时,无论采取出租还是采取出售方式,其前提是建设保障性住房。保障房建设的资金缺口问题需要通过制度创新下的融资方式创新与拓展来加以解决。在保障房建设任务完成后,结合资金回流状况,考虑政府未来还款压力,有效化解保障房融资风险是一个必须加以解决的问题。

为了回答这一问题,我们基于财政当期负担与未来偿还能力两个维度对租售并举模式与租金补贴模式进行优劣比较,比较的基础是对两种模式安排未来现金流的差异。

一、租售并举住房保障融资风险

（一）前提假定

为了测度我国住房保障融资风险,首先需要计算不同保障模式安排下的现金流,综合考虑数据的可获得性与计算便利性,我们给出如下假设:

1. 关于保障房建设数量的假定

我们以"十二五"期间保障房建设任务作为保障房实际建设数量,不考虑"十二五"之前开工及在"十二五"期间仍然在建的工程,也不考虑"十二五"开工但未建设完成的工程;假定"十二五"期间的规划建设任务恰好完成。基于此假定,我们将保障房建设数量设定为3600万套。

2. 关于土地成本的假定

在计算保障房建设成本时,我们将保障房建设用地的取得方式全部视为政府无偿划拨,即土地的获取成本为0。

3. 关于保障房分配率的假定

在实践中,保障房建设完成到保障房的出售与出租之间一定存在一个时间间隔,这个时间间隔会使得资金回流延迟实现。但这个时间间隔的平均数值是不可获得的,因此我们假定保障房建成时间即为分配时间,即假定保障房分配率为100％,建成后即可获得销售收入或租金收入。

4. 关于保障房融资主体的假定

我国保障房可以由政府直接建设,也可以是政府主导、开发商承建。如果是政府直接建设,其融资渠道为通过地方融资平台融通资金;如果是政府主导、开发商承建,则由开发商垫付建设所需资金,建成并通过验收后,政府按照成本加成方式对保障房进行回购。所谓成本加成方式即以建设成本为基础加上一定的开发利润。当然,在回购时也可采用变通方式,即在开发商购买土地时,从土地出让金中核减相应数额。以上两种建设方式无论采用哪一种,保障房建设融资的债务承担者均为政府类平台公司。

5. 关于保障房建设的融资结构

当前,我国住房保障资金来源渠道日趋呈现多元化态势,资金来源包括财政资金、银行贷款、债券资金及公共资金;中央也鼓励民营资本参与住房保障领域。由于住房保障融资的低收益特征,民营资本在该领域的参与度很低。财政资金与银行信贷依然是保障房建设最为重要的资金来源。为了便于计算,我们假定,保障房建设的资金来源仅包括财政资金与银行贷款。这一假定,并不会对计算结果产生太大影响,因为债券资金与民间资本均为商业资金来源,其与银行信贷一样,具有共同的逐利特征。

6. 关于住房保障融资期限的假定

住房保障融资方式不同,其期限也存在显著差异。如政策性银行提供的政策性贷款最长期限为 15 年,商业银行贷款一般不超过 10 年,债券融资期限则为 3 至 5 年。考虑到地方融资平台在实际运作过程中,可以通过贷款展期、借新债还旧债的方式,延迟对到期债务的偿还,因此我们将住房保障融资期限统一设定为 15 年。

7. 关于住房保障资金供求关系的假定

测度住房保障融资风险,关键在于测度负债主体未来的偿付能力。在此,我们假定保障房在建设过程中,资金供求关系是平衡的,即保障房建设过程中由于财政资金投入不足而引致的资金缺口,均能够通过融资方式得到解决。

8. 关于保障房后续运营费用的假定

保障房建成并分配后,还会存在一定的运营费用,如管理费与物业费等。如果该部分费用由政府承担,需要将其视作未来的现金流出。该项费用由于缺乏可参照的数据,我们假定该部分费用的承载主体为被保障人,即政府对此项费用的承担额为 0。

(二)住房保障资金总需求测算

根据保障房建设数量为 3600 万套的假定,进一步假定保障房单套面积为 60 平方米,则建设总面积为 216000 万平方米。下面我们据此测算建设资金总需求。

1. 测算依据

在测算保障房建设资金总需求时,我们依据相关收费标准,采用工程测算方法。在测算保障房建筑安装费用的过程中,我们选择了上海与安徽的两个保障房建设项目作为参照样本。之所以在这两个地方选取参照样本,主要基于以下两点考虑:一是调研的便利性,这一便利性既包括地理位置上的便利,同时也包括数据获得中被调研对象愿意提供相关数据所赋予的便利(由于建设成本测算对于开发者而言往往具有隐秘属性,所以数据往往是难以获得的);二是这两个地区在保障房建设与融资方面在全国处于比较领先的水平,因此具有一定的代表性。

2. 保障房项目相关技术经济指标

以参照样本数据为基础,按照线性方法计算,可获得我国保障房建设的相关经济技术指标(表 13-1)。

表 13-1　保障房建设项目相关技术经济指标

项目		单位	上海参考项目	安徽参考项目	本项目
总用地面积		平方米	157895	165416	1160044898
总建筑面积		平方米	343000	461852	2520000000
地上总建筑面积		平方米	300000	372662	2204081633
其中	住宅总建筑面积	平方米	295200	370129	2160000000
	配套公建及附属用房	平方米	4800	2533	44081633
地下总建筑面积(车库)		平方米	43000	25983	315918367
容积率			1.9	1.92	1.9
户数		户	4300	5000	36000000

3. 成本构成与测算结果

保障房建设成本由建筑安装费、基础设施费、预备费及管理费等费用构成。具体构成及计算标准如表 13-2 所示。

表 13－2　保障房建设成本构成与计算标准列表

成本构成	成本构成内容	计算标准
建筑安装工程费	包括住宅、车库、配套公建及附属用房的土建及安装工程费用	样本项目加权平均值
前期咨询费	科研、环评等	按照 2 元/平方米计算
勘察、设计费等	勘察费、设计费等	50 元/平方米
审图、招标、监理费等	审图费、招标费、监理费等	40 元/平方米
三通一平费	土地整理及相关临时设施费用	按照建安费总额的 0.35％估算
基础设施费	供电、供水等	取上海及安徽相关文件列支价格的平均数
预备费	防范未来因市场价格提高，导致建设成本增加而设的费用	按照建筑安装工程费用与工程建设其他费用之和的 3％计算
管理费用		按照建安费、工程建设其他费用以及预备费之和的 3％计算

注:前期咨询费的计费依据为"计价格〔1999〕1283"。

根据以上成本构成及测算标准计算可得,3600 万套保障房建设总资金需求约为 61560 亿元。

(三)住房保障融资需求测算

保障房建设带来的巨大资金需求,完全依赖财政资金投入显然是无法实现的,课题组根据 2011 年到 2013 年我国住房保障建设资金财政投入对 2014 年与 2015 年的住房保障财政投入情况进行了预估。

1."十二五"期间住房保障财政资金投入

"十二五"期间,我国政府高度关注保障房建设,2011 年全国财政投入保障房建设资金达到 3820.69 亿元,相较于 2010 年增长率超过 60％,2012 年在 2011 年基础上又增长了 17.2％。随后,我国住房保障财政投入进入相对稳定时期,所以我们预估 2014 年与 2015 年我国的住房保障财政投入与 2013 年持平。根据这一估计,"十二五"期间我国住房保障财政资金投入情况如表 13－3 所示。

表 13-3 "十二五"期间全国住房保障财政投入情况

年份	2011	2012	2013	2014	2015
财政投入(亿元)	3820.69	4479.62	4480.55	4480.55	4480.55
合计	21741.96				

2. 住房保障融资需求测算

依据以上测算,建成 3600 万套保障房的资金需求总量约为 61560 亿元,其中财政投入约 21741.96 亿元,资金缺口约为 4 万亿元,该部分资金需要通过银行信贷加以解决。假定"十二五"期间,每年年中贷款 8000 亿元,贷款期限为 15 年,贷款利率为年率 6.55%,建设期中仅支付利息,建设期后等额还本付息。则贷款期内还本付息金额见表 13-4。

表 13-4 保障房建设贷款还本付息表

项目		期初借款余额（亿元）	当期还本付息(亿元)	还本（亿元）	付息（亿元）
计算期	1	0	262	0	262
	2	8000	786	0	786
	3	16000	1310	0	1310
	4	24000	1834	0	1834
	5	32000	2358	0	2358
	6	40000	5577.21	2957.21	2620.00
	7	37042.79	5577.21	3150.91	2426.30
	8	33891.87	5577.21	3357.30	2219.92
	9	30534.58	5577.21	3577.20	2000.01
	10	26957.38	5577.21	3811.51	1765.71
	11	23145.87	5577.21	4061.16	1516.05
	12	19084.71	5577.21	4327.17	1250.05
	13	14757.55	5577.21	4610.59	966.62
	14	10146.95	5577.21	4912.59	664.63
	15	5234.36	5577.21	5234.36	342.85
合计			62322.14	40000	22322.14

(四)现金流分析

1. 现金流出分析

根据前面的假定,建设3600万套建设所需的总资金量约为61560亿元,其中约40000亿元需要通过外部融资的方式解决资金来源问题。2011年至2015年,仅支付利息不偿还本金,利息支出共计6550亿元。2016年至2025年等额还本付息,每年还本付息额为5577.21亿元。2011年至2025年,现金流出总量为121982.14亿元。

2. 现金流入分析

当前,我国的住房保障采用的租售并举模式,在保障房建成出售或出租后能够获得相应的现金流入。在保障房数量一定的前提下,调整出租与出售的比例,可以在很大程度上影响保障房的现金流入。下面,我们测算不同租售比条件下,保障房资金回流情况。

(1)前提假定

首先是关于出租类保障房出租率的假定,我们假定出租率为100%。即假定出租类保障房建成之后,即有租户进入;同时如有保障房原租户退出的情况,新的保障对象会立即进入。其次是关于保障房总数量的假定。我们假定保障房总量维持不变。即假定在保障房出售给保障对象后不存在上市交易的情况,或上市交易的保障房全部由政府回购。第三是关于保障房出售时间与收入实现时间的假定。我们假定,保障房于2015年全部建成,并于2016年初完成出售,并一次性获得全部销售收入。第四是关于现金流入计算期的假定,我们假定现金流入计算期为10年,即与现金流出分析相对应,现金流入计算的时间区间为2016年至2025年。

(2)关于保障房出售价格的确定

基于数据的可获得性,我们在确定保障房出售价格时,以经济适用房作为参照标准。2002年,国家计划委员会与建设部联合发布了《经济适用住房价格管理办法》,办法规定经济适用房的价格构成包括开发与建设成本、税金与合理利润。对于合理利润的规定是不高于项目开发前期费用、建筑安装费、基础与公共配套设施费用之和的3%,在此我们按3%计算。按照现行国家政策,保障房建设运营中相关税金是免征的。

根据上文测算的 3600 万套保障房建设的资金总需求即建设总成本为 61560 亿元,其中开发与建设成本为总成本扣除预备费与管理费之后的余额,开发与建设成本约为 57866 亿元,不考虑纳税因素,将 3% 的开发利润纳入保障房价格,则 3600 万套保障房如全部出售,总价格为 59602 亿元。即单套价格约为 16.556 万元,按照户均面积 60 平方米计算,每平方米的售价约 2761 元。2009 年我国经济适用房平均销售价格为每平方米 2134 元,2010 年上涨至 2495 元。由于我们测算的是"十二五"期间的价格,考虑到原材料及人工费用上涨的因素,说明我们的测算是基本合理的。

为了确保测算数据的合理性,我们进一步用实际数据对上面的测算予以修正。2008 年至 2010 年间,我国商品房每平方米售价为经济适用房每平方米售价的 1.95 倍,其中 2009 年的平均倍率为 2.1[①]。因此,我们在已知商品房销售价格的前提下,可以通过实际数据推算出保障房销售价格。2011 年我国商品房每平方米平均销售价格为 4994 元,2012 年上涨至 5430 元,由此可推算出我国保障房 2011 年与 2012 年的每平方米销售价格分别为 2497 元和 2715 元。2011 年、2012 年保障房销售每平方米的平均价格为 2606 元/平方米,我们将以此价格作为测算保障房销售价格的依据。按照每套 60 平方米计算,单套保障房的销售价格为 156360 元。这与上面的测算结果是接近的,两者相互印证,说明了测算结果的相对合理性。

(3)关于保障房出租后的租金收入

按照国家现行政策,我国保障房出租租金的收取区分不同类别的保障对象。首先,适当参考周边地区租房市场的租金水平,确定保障房租金标准。然后,区分不同的保障群体设立不同的收缴率。被界定为最低生活保障家庭的,收缴率为 10%;被界定为低收入家庭的,收缴率为 20%;残疾家庭、家庭成员中有劳模称号或被界定为特殊人才的,收缴率为 40%;被界定为中收入家庭的,收缴率为 60%。我们在参考多个地区有关保障房租金管理相关规定的基础上,通过网络搜集了多个城市的有关保障房租金的报道,将保障房每平方米平均租金标准设定为 15 元。同时设定享受保障房的四类

---

① 数据来源:中宏数据库。

群体比例为 1∶2∶3∶4①，据此可推算出保障房租金平均收缴率为 41％，户均缴纳租金 369 元/月②。

(4)不同租售比例设定下的现金流入

将 3600 万套保障房看作一个整体，其中出售比例用 r 表示。根据前文假定，保障房不存在闲置状态，则其出租比例即为 $1-r$。

用 x 表示保障房出售总收入，用 y 表示保障房租金年总收入，则有：

$$\begin{cases} x = 160895 \times 3600r \\ y = 369 \times 12 \times 3600(1-r) \end{cases}$$

显然，设定不同的租售比，对于现金回流数量及现金回流的时间分布存在很大影响(表 13-5)。出售比例越高，现金回流越快，后期的租金收入越少。

表 13-5 不同租售比下保障房未来现金流入状况

出售比例 r	0.1	0.2	0.3	0.4	0.5
一次性出售收入(亿元)	5792.22	11584.44	17376.66	23168.88	28961.1
各年租金收入(亿元)	1434.67	1275.26	1115.86	956.45	797.04
收入合计(亿元)	7226.89	12859.70	18492.52	24125.33	29758.14

随着出售比例的提高，现金回流加快，随后的保障房运营成本也随之减少，这对于降低当期财政负荷是一种有效的方式。由于住房保障体系构建是一项民生工程，考量其成败得失的标准并非单纯的利益标准，因此，在决定租售比时应首先考虑其保障功能，在确保"应保尽保"的基础上，动态调整保障房租售比例；同时，应结合整个住房市场发展情况，调整租售比，发挥保障房建设与运营的宏观调控功能。

3. 不同租售比例设定下的财政负荷

根据前文假定，在建设期内保障房建设资金每年等额支出，除财政当期投入外，外部融资额共计 40000 亿元；结合前文我们关于保障房项目现金流

---

① 由于缺少相应数据，此数据为以一定调研为基础的设定比例。

② $15 \times 41\% \times 60 = 369$。

入情况的测算,可以制作出当保障房出售比例分别为 0.1,0.2,0.3 时的保障房项目现金流量表(表 13-6、表 13-7)。通过现金流量表,我们可以直观地看出不同租售比例设定下,为了维持保障房项目现金流量平衡,政府在测算年度中各年的资金投入需要。

表 13-6　出售比为 0.1 时保障房项目现金流量表

项目		资金流出(亿元)			资金流入(亿元)				
		资金流出	还本付息	建设成本	资金流入	外部融资	财政资金	出售收入	租金收入
合计		121982.14	62322.14	59660	121982.1	40000	61843.202	5792.22	14346.72
计算期	2011 年	12194	262	11932	11820.69	8000	3820.69	0	0
	2012 年	12718	786	11932	12479.62	8000	4479.62	0	0
	2013 年	13242	1310	11932	12480.55	8000	4480.55	0	0
	2014 年	13766	1834	11932	12480.55	8000	4480.55	0	0
	2015 年	14290	2358	11932	12480.55	8000	4480.55	0	0
	2016 年	5577.21	5577.21		11237.02	0	4010.12	5792.22	1434.67
	2017 年	5577.21	5577.21		5444.80	0	4010.12	0	1434.67
	2018 年	5577.21	5577.21		5444.80	0	4010.12	0	1434.67
	2019 年	5577.21	5577.21		5444.80	0	4010.12	0	1434.67
	2020 年	5577.21	5577.21		5444.80	0	4010.12	0	1434.67
	2021 年	5577.21	5577.21		5444.80	0	4010.12	0	1434.67
	2022 年	5577.21	5577.21		5444.80	0	4010.12	0	1434.67
	2023 年	5577.21	5577.21		5444.80	0	4010.12	0	1434.67
	2024 年	5577.21	5577.21		5444.80	0	4010.12	0	1434.67
	2025 年	5577.21	5577.21		5444.80	0	4010.12	0	1434.67

表 13-7　出售比为 0.2 时保障房项目现金流量表

项目		资金流出（亿元）			资金流入（亿元）				
		资金流出	还本付息	建设成本	资金流入	外部融资	财政资金	出售收入	租金收入
合计		121982.14	62322.14	59660	121982.1	40000	57645.06	11584	12752.6
计算期	2011 年	12194	262	11932	11820.69	8000	3820.69	0	0
	2012 年	12718	786	11932	12479.62	8000	4479.62	0	0
	2013 年	13242	1310	11932	12480.55	8000	4480.55	0	0
	2014 年	13766	1834	11932	12480.55	8000	4480.55	0	0
	2015 年	14290	2358	11932	12480.55	8000	4480.55	0	0
	2016 年	5577.21	5577.21		16450.01	0	3590.31	11584	1275.26
	2017 年	5577.21	5577.21		4865.57	0	3590.31	0	1275.26
	2018 年	5577.21	5577.21		4865.57	0	3590.31	0	1275.26
	2019 年	5577.21	5577.21		4865.57	0	3590.31	0	1275.26
	2020 年	5577.21	5577.21		4865.57	0	3590.31	0	1275.26
	2021 年	5577.21	5577.21		4865.57	0	3590.31	0	1275.26
	2022 年	5577.21	5577.21		4865.57	0	3590.31	0	1275.26
	2023 年	5577.21	5577.21		4865.57	0	3590.31	0	1275.26
	2024 年	5577.21	5577.21		4865.57	0	3590.31	0	1275.26
	2025 年	5577.21	5577.21		4865.57	0	3590.31	0	1275.26

通过表 13-6 可以看出，在出售比例 $r=0.1$ 的情况下，保障房出售可一次性获得 5792.22 亿元收入，每年通过收取租金获得收入 1434.67 亿元。要维持保障房项目的现金平衡，2016 年至 2025 年，依然需要总额为 40101.24 亿元的财政投入，年均投入约为 4010 亿元。

通过表 13-7 可以看出，在出售比例 $r=0.2$ 的情况下，保障房出售可一次性获得 11584.44 亿元收入，每年通过收取租金获得收入 1275.26 亿元。要维持保障房项目的现金平衡，2016 年至 2025 年，依然需要总额为 35903.1 亿元的财政投入，年均投入约为 3590.31 亿元。

通过以上两个表格的数字比较,不难得出如下结论:保障房出售比例越低,各期的匹配度越高,财政的后期投入越大。所以保障房的租售比例的动态调整,还应将财政的承受能力纳入分析范畴。

二、租金补贴模式下保障房资金需求分析

租金补贴的住房保障模式,是指政府在不提供保障房实物的情况下,让保障对象通过商业性住房租赁市场选择租住房屋,政府根据保障对象的家庭收入情况对其进行租金补贴的模式。租金补贴额度确定的主要依据为:根据保障对象的家庭人口情况确定的补贴面积,根据保障对象家庭收入情况确定的补贴比例和住房市场租金水平。无论保障对象通过住房租赁市场租住的房屋面积大于或小于应补面积,在计算租金补贴时,均按照应补面积予以补贴。

为了比较租售并举模式与租金补贴模式在住房保障现金流及由此引致的财政负荷方面的差异,我们假定保障对象数量不变,保障模式全部转变为租金补贴。即 3600 万个家庭均通过租金补贴途经获得住房保障,同时将每个家庭的应补面积均设定为 60 平方米。与上文 41% 的保障房租金收缴率相对应,我们设定应补比例为 59%。住房租赁市场租金水平确定依据是 2013 年全国百城住房租金平均数 23.05 元/(月・平方米)[①]。

根据以上设定,在全部采用租金补贴模式提供住房保障情况下,2011 年至 2025 年,每年政府为实现住房保障需投入财政资金约为 3525 亿元[②]。15 年中财政支出的住房补贴总量为 52875 亿元。

上述测算隐含着一个假定,那就是假定市场租金水平不变,这与现实情况是存在一定差异的。虽然如此,我们依然可以得到如下基本结论:采用租金补贴模式提供住房保障可以均衡政府在各期的财政负荷;同时在市场租金水平不出现大幅提高的前提下,财政总负荷也会下降。在我国经济进入新常态的背景下,房地产"去库存"已成为一个现实问题,在市场房源较为充足的城市,采用租金补贴模式实现住房保障,在降低财政负荷的同时,还可

---

① 禧泰数据,全国房产市场数据中心。
② 23.05 元/(月・m^2)×12 月×60m^2×59%×3600 万户=3525 亿元。

以实现资源的充分利用。

三、基于财政负荷的住房保障房融资风险

(一)"十二五"后我国财政收支情况

随着我国经济进入新常态,经济由原来的高速增长转向中速增长,与此相对应,财政收入增长速度也明显放缓。"十一五"期间我国的财政收入年平均增速为21.5%,2011年至2013年我国财政收入年平均增速降至16%。

伴随着财政收入增速的下降,财政收支矛盾愈加突出。"十一五"期间,2007年财政收入略大于财政支出,其余四年,财政收支缺口年平均为4370亿元。而2011年至2013年,我国财政收支缺口年平均达到8225亿元,且依然呈现不断扩大的态势(图13-4)。

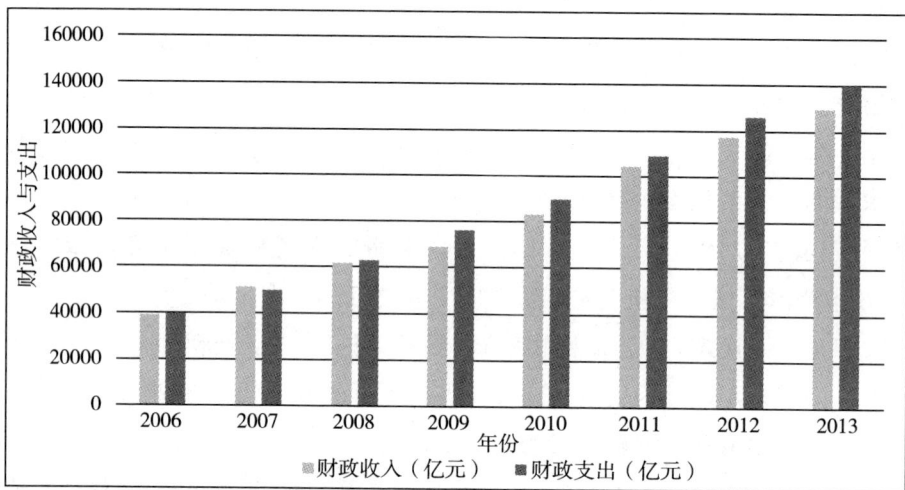

图13-4 国家财政收支状况

数据来源:统计局网站

(二)住房保障财政支出情况

自2010年开始,国家高度重视保障房建设,当年住房保障支出在国家财政支出中的占比相较于2009年提高了1.6%。"十二五"期间更是提出了3600万套的建设任务,住房保障的财政支出进一步提高,2011年住房保障支出在国家财政支出中的占比达到3.5%。2013年后该项占比呈现下降趋

势,支出总额也略有下降。随着大规模建设保障房的任务接近尾声,该项支出可能进一步下降(图13-5)。但正如前文分析的那样,在大规模建设保障房过程中积累的外部融资带来的还本付息问题,将来可能演变为地方政府债务。

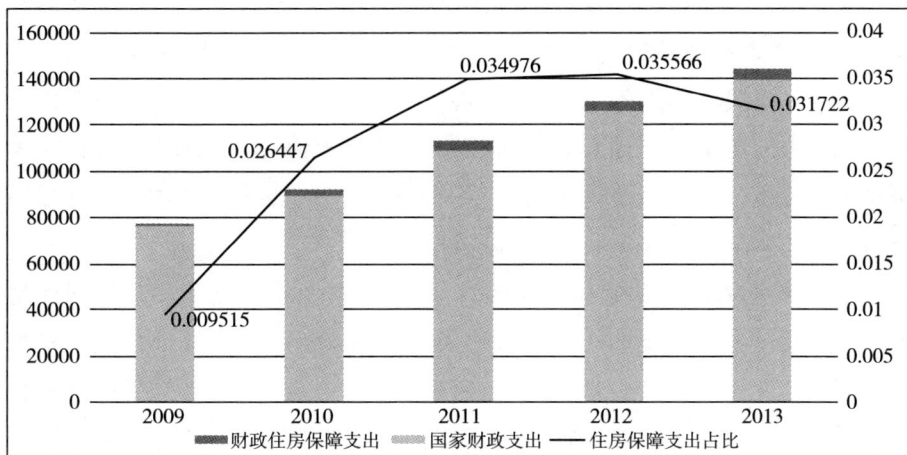

图13-5　国家住房保障财政支出

数据来源:统计局网站

(三)基于财政清偿能力的住房保障融资风险分析

大规模建设保障房,在建设期内给政府带来了巨大的财政负荷,同时因其财政投入不足所产生的数量庞大的外部融资,虽然不直接表现为地方政府债务,但显然是地方政府的隐性债务。随着地方政府债务的不断积累,地方财政未来清偿债务的能力将受到严峻考验。不排除地方政府由于缺乏清偿能力,致使债务违约的可能,一旦出现这种情况,财政风险将向金融领域蔓延。

1. 租售并举保障模式下的融资风险分析

采用租售并举模式实现住房保障,在保障房建设过程中,需要大量财政资金的支持;保障房建成后,财政还将面临巨大的还本付息压力。目前住房保障外部融资主体是地方融资平台,它们获得资金来源的渠道包括住房保障财政资金投入、运营收益及土地抵押贷款。过去,地方融资平台为了维持资金的正常周转,往往采用"借新债还旧债"的运作模式,但随着国家对地方融资平台贷款政策的收紧,这种模式已经在很大程度上失去了运作空间。

为了防控风险,一些银行特别是政策性银行在对住房保障项目融资时,往往要求地方政府为债务背书。即当地方融资平台无力偿还到期债务,则由地方政府承担还款义务。这无疑加剧了本就脆弱的地方财政风险。

2. 租金补贴保障模式下的财政风险分析

根据前文分析,我们知道,纯租金补贴保障模式相较于租售并举保障模式,住房保障财政负荷要低;更为重要的是,纯租金补贴保障模式不会产生由于建设保障房而带来的集中性财政负荷,也不会由于大量外部融资而引致未来巨大的还本付息压力。住房保障支出当期消化,且财政负荷在保障期间呈现均衡分布状态。由于纯租金补贴模式不产生外部融资,因此也不会引致财政风险向金融领域蔓延的问题。

综上所述,在我国快速城镇化的背景下,选择一个时期集中建设保障房是一种惠及民生的必要选择。在政府保有的保障房达到一定数量后,提供住房保障的方式可以进一步丰富。经济运行是一个动态系统,住房保障供给也应当是一个动态系统。在条件适当的情况下,住房保障可以更多以租金补贴的方式来实现。同时,政府拥有的存量保障房也不必只增不减,条件成熟时,可以适当放宽保障房出售条件。总之,要将住房保障、财政负荷及其金融风险纳入一个分析框架统筹考虑。

第三节 中国住房保障融资风险控制

前文已经说过,保障房集中建设带来了巨大的外部融资,虽然地方融资平台是资金筹措主体,但它也是地方政府的隐性债务,在地方财政收入增长缓慢且地方政府债务不断累积的情况下,未来巨大的还款压力可能引发地方财政风险,而地方财政风险又会蔓延至金融领域,形成财政风险与金融风险相互交织的局面。因此,必须严格控制住房保障融资风险,从资金来源、资金使用及风险转移等多途径完善住房保障风险控制体系。

一、拓展住房保障资金来源渠道

总的来说,我国住房保障资金来源相对单一,保障房建设资金主要依靠财政投入与银行信贷,通过其他资金来源渠道筹措的保障房建设资金占比较低。同时,住房保障外部融资的期限结构不够合理,在地方融资平台筹措的信贷资金中,只有政策性银行信贷期限较长,其他信贷资金期限均偏短。这就使得地方融资平台在较短的时期内背负巨大的还款压力。拓展住房保障融资渠道,提高中长期资金的投入比例,可以有效防止地方融资平台出现债务违约风险。

1.强化政府引导,提升其他资金来源投入比例

具体做法包括:提升土地出让收益用于住房保障领域的比例;引导更多的公积金增值收益进入住房保障领域,具体可以是改变现在的公积金增值收益上缴财政,继而由政府将其中一部分投入住房保障领域的做法,将其转变为住房公积金增值收益交由专业机构直接投资于住房保障领域;通过财政与税收等政策,引导更多的公共资金投入住房保障领域。

2.创新住房保障融资模式与融资机制

创新住房保障融资模式在前面我们已进行了较为充分的阐述,如可将PPP模式、BOT模式、BT模式与REITs模式等引入住房保障融资领域。同时,还要创新住房保障融资机制,如对于有条件的产业园区,政府给予一定的资金支持或土地优惠支持,允许企业自主建设保障性住房,建成后一部分用于解决企业员工的居住需要,一部分提供给政府分配给其他应保对象。

二、提高住房保障资金使用效率

住房保障资金的使用效率决定着实现同样的保障效果所需的资金量,因此提升住房保障资金的使用效率对于防范住房保障融资风险意义重大。

1.动态调整住房保障模式,提升住房保障资金使用效率

住房保障目标的实现,可以通过不同的路径,不同的路径具有不同的保障效率。正如前文所述的那样,在一定的条件下,租金补贴模式可以用等量的资金实现更大的保障效果;换言之,为了实现同样的保障效果,租金补贴模式所需的资金量相较于新建保障房模式所需的资金量要少得多。因此,从风险控制方面考虑,应当对住房保障模式进行动态优化。

2.加强资金用途管理,防止平台过度融资

地方融资平台以建设保障房项目进行的外部融资,必须专款专用,不得

挪作他用;地方融资平台在融资时必须考虑自身运营情况与未来还款能力,不得过度举债;在进行外部融资时,要找寻合理路径,尽可能降低融资成本。

三、探索融资风险分散转移机制

探索住房保障融资风险分散与转移机制,包括两个方面的基本含义,即探索融资风险分散机制和探索融资风险转移机制。

1. 发挥融资风险分散机制作用,关键在于融资路径多元化。由于住房保障具有公共属性,保障房投资自然收益率低,要充分引导社会资金的投入,必须通过适当的政策调整,使得商业资本参与保障房建设能够获得社会平均收益。调节政策可以是配合保障房建设,降低其商业开发用地成本;也可以通过财政进行补贴;还可以直接进行税收减免等。在政策调节得当的条件下,进入保障房开发领域的商业资金数量必然会大幅度提升,这就使得政府的财政负荷和融资负荷下降,有效实现住房保障融资的风险分散。

2. 发挥融资风险转移机制作用,关键在于开拓风险转移路径。比如银行住房保障融资证券化,通过证券化方式可以将贷款银行承担的信贷风险有效转移给证券投资人,从而实现风险承载主体的分散与易位。虽然这种方式并不会降低财政负荷、防范财政风险,但它能够有效地阻止财政风险向金融领域蔓延,防止财政风险与金融风险的相互交织。

附录1 我国地方政府财政收支状况

附表 1-1 1995—2015 年地方政府财政收支状况

年份	收入（亿元）	支出（亿元）	赤字（亿元）
1995	2985.6	4828.3	－1842.7
1996	3746.9	5786.3	－2039.4
1997	4424.2	6701.1	－2276.9
1998	4984	7672.6	－2688.6
1999	5594.9	9035.34	－3440.44
2000	6406.06	10366.65	－3960.59
2001	7803.3	13134.6	－5331.3
2002	8515	15281.5	－6766.5
2003	9850	17229.9	－7379.9
2004	11893.4	20592.8	－8699.4
2005	15100.76	25154.31	－10053.55
2006	18303.58	30431.33	－12127.75
2007	23572.62	38339.29	－14766.67
2008	28649.79	49248.49	－20598.7
2009	32602.59	61044.14	－28441.55
2010	40613.04	73884.43	－33271.39
2011	52547.11	92733.68	－40186.57
2012	61078.29	107188.34	－46110.05
2013	69011.16	119740.34	－50729.18
2014	75876.58	129215.49	－53338.91
2015	83002.00	150335.60	－67333.60

数据来源：中国统计年鉴整理计算。

附录2　保障房金融支持路径选择效果矩阵

$$
\boldsymbol{u}^{(1)} = \begin{pmatrix} 8 & 6 & 7 \\ 9 & 7 & 8 \\ 7 & 5 & 6 \\ 8 & 6 & 7 \\ 7 & 5 & 6 \\ 8 & 6 & 7 \\ 6 & 4 & 5 \\ 7 & 5 & 6 \end{pmatrix} \quad
\boldsymbol{u}^{(2)} = \begin{pmatrix} 8 & 7 & 6 \\ 9 & 8 & 7 \\ 7 & 6 & 5 \\ 8 & 7 & 6 \\ 7 & 6 & 5 \\ 8 & 7 & 6 \\ 6 & 5 & 4 \\ 7 & 6 & 5 \end{pmatrix}
$$

$$
\boldsymbol{u}^{(3)} = \begin{pmatrix} 7 & 6 & 5 \\ 6 & 5 & 4 \\ 8 & 7 & 6 \\ 7 & 6 & 5 \\ 8 & 7 & 6 \\ 7 & 6 & 5 \\ 9 & 8 & 7 \\ 8 & 7 & 6 \end{pmatrix} \quad
\boldsymbol{u}^{(4)} = \begin{pmatrix} 6 & 8 & 6 \\ 8 & 9 & 7 \\ 6 & 7 & 5 \\ 7 & 8 & 6 \\ 6 & 7 & 5 \\ 7 & 8 & 6 \\ 5 & 6 & 4 \\ 6 & 7 & 5 \end{pmatrix}
$$

$$\boldsymbol{u}^{(5)} = \begin{pmatrix} 7 & 8 & 9 \\ 6 & 7 & 8 \\ 6 & 7 & 8 \\ 5 & 6 & 7 \\ 6 & 7 & 8 \\ 5 & 6 & 7 \\ 5 & 6 & 7 \\ 4 & 5 & 6 \end{pmatrix} \qquad \boldsymbol{u}^{(6)} = \begin{pmatrix} 8 & 9 & 7 \\ 7 & 8 & 6 \\ 7 & 8 & 6 \\ 6 & 7 & 5 \\ 7 & 8 & 6 \\ 6 & 7 & 5 \\ 6 & 7 & 5 \\ 5 & 6 & 4 \end{pmatrix}$$

$$\boldsymbol{u}^{(7)} = \begin{pmatrix} 6 & 5 & 4 \\ 7 & 6 & 5 \\ 7 & 6 & 5 \\ 8 & 7 & 6 \\ 7 & 6 & 5 \\ 8 & 7 & 6 \\ 8 & 7 & 6 \\ 9 & 8 & 7 \end{pmatrix}$$

　　注：矩阵 $\boldsymbol{u}^{(1)} - \boldsymbol{u}^{(7)}$ 分别为保障房金融支持路径选择的政府资金杠杆效应目标、政府资金引入强度目标、资本成本目标、融资效率目标、期限灵活性目标、资金用途灵活性目标和协同效应目标的一致效果测度矩阵。

附录3 保障房金融支持路径决策效果矩阵

$$R^1 = \begin{pmatrix} 0.8889 & 1.0000 & 0.7778 \\ 0.8889 & 0.7778 & 0.8889 \\ 0.6667 & 0.7778 & 0.6667 \\ 0.7778 & 0.5556 & 0.6667 \\ 0.5556 & 0.6667 & 0.4444 \\ 0.5556 & 0.7778 & 0.8889 \\ 0.6667 & 0.7778 & 0.6667 \\ 0.7778 & 0.5556 & 0.6667 \end{pmatrix} \quad R^2 = \begin{pmatrix} 0.8889 & 1.0000 & 0.7778 \\ 0.8889 & 0.7778 & 0.8889 \\ 0.6667 & 0.7778 & 0.7778 \\ 0.8889 & 0.6667 & 0.7778 \\ 0.6667 & 0.7778 & 0.5556 \\ 0.6667 & 0.6667 & 0.7778 \\ 0.5556 & 0.6667 & 0.5556 \\ 0.6667 & 0.4444 & 0.5556 \end{pmatrix}$$

$$R^3 = \begin{pmatrix} 0.5714 & 0.6667 & 0.5000 \\ 0.5714 & 0.5000 & 0.5714 \\ 0.4444 & 0.5000 & 0.6667 \\ 0.8000 & 0.5714 & 0.6667 \\ 0.5714 & 0.6667 & 0.5000 \\ 0.5714 & 0.8000 & 1.0000 \\ 0.6667 & 0.8000 & 0.6667 \\ 0.8000 & 0.5714 & 0.6667 \end{pmatrix} \quad R^4 = \begin{pmatrix} 0.6667 & 0.8889 & 0.6667 \\ 0.7778 & 0.6667 & 0.7778 \\ 0.5556 & 0.6667 & 0.8889 \\ 1.0000 & 0.7778 & 0.8889 \\ 0.7778 & 0.8889 & 0.6667 \\ 0.7778 & 0.6667 & 0.7778 \\ 0.5556 & 0.6667 & 0.5556 \\ 0.6667 & 0.4444 & 0.5556 \end{pmatrix}$$

$$R^5 = \begin{bmatrix} 0.7778 & 0.6667 & 0.6667 \\ 0.5556 & 0.6667 & 0.5556 \\ 0.5556 & 0.4444 & 0.8889 \\ 0.7778 & 0.7778 & 0.6667 \\ 0.7778 & 0.6667 & 0.6667 \\ 0.5556 & 1.0000 & 0.8889 \\ 0.8889 & 0.7778 & 0.8889 \\ 0.7778 & 0.7778 & 0.6667 \end{bmatrix} \qquad R^6 = \begin{bmatrix} 0.8889 & 0.7778 & 0.7778 \\ 0.6667 & 0.7778 & 0.6667 \\ 0.6667 & 0.5556 & 1.0000 \\ 0.8889 & 0.8889 & 0.7778 \\ 0.8889 & 0.7778 & 0.7778 \\ 0.6667 & 0.7778 & 0.6667 \\ 0.6667 & 0.5556 & 0.6667 \\ 0.5556 & 0.5556 & 0.4444 \end{bmatrix}$$

$$R^7 = \begin{bmatrix} 0.6667 & 0.7778 & 0.7778 \\ 0.8889 & 0.7778 & 0.8889 \\ 0.8889 & 1.0000 & 0.5556 \\ 0.6667 & 0.6667 & 0.7778 \\ 0.6667 & 0.7778 & 0.7778 \\ 0.8889 & 0.4444 & 0.5556 \\ 0.5556 & 0.6667 & 0.5556 \\ 0.6667 & 0.6667 & 0.7778 \end{bmatrix}$$

　　注:矩阵 $R^1 - R^7$ 分别为保障房金融支持路径决策的政府资金杠杆效应目标、政府资金引入强度目标、资本成本目标、融资效率目标、期限灵活性目标、资金用途灵活性目标和协同效应目标的一致效果测度矩阵。

附录4 蚌埠市公共租赁住房建设及其资金安排情况调研

　　蚌埠市是安徽省的一个城市,设立于 1947 年。现为安徽省直接管辖的地级市,面积约 5952 平方公里,下辖固镇、怀远、五河三县;市区设蚌山、禹会、龙子湖、淮上四个行政区和高新技术产业园区及经济开发区这两个专业园区。截至 2013 年底,蚌埠市人口约 367 万,其中市区人口约 103 万、三县人口约 264 万。

一、蚌埠市租赁性保障房建设情况

(一)蚌埠市廉租房建设情况

　　蚌埠市的廉租房建设始于 2008 年,第一个廉租房项目分三期完成,占地约 34000 平方米,累计投资超过 8000 万元,建成廉租房 1017 套。随后,蚌埠市廉租房建设进入快车道,至 2013 年底,共建成廉租房小区 24 个,竣工套数超过 12700 万套。2008 年至 2013 年蚌埠市廉租房建设情况参见附表 4-1;廉租房区域分布情况参见附图 4-1 与附图 4-2。

附表 4-1　2008—2013 年蚌埠市廉租房建设情况

项目名称	建设规模 (平方米)	总投资 (万元)	总套数 (套)
2008—2013 年项目合计	1329566	172902	22959
2008 年项目合计	60820	7707	1276
2009 年项目合计	321558	15436	2523
2010 年项目合计	366002	52384	7421
2011 年项目合计	386111	61853	7770

（续表）

项目名称	建设规模 （平方米）	总投资 （万元）	总套数 （套）
2012 年项目合计	118519	22619	2412
2013 年项目合计	76556	12903	1557

资料来源：根据蚌埠市相关资料整理。

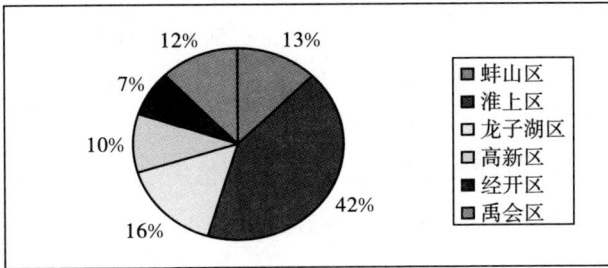

附图 4-1　蚌埠市市区廉租房建设规模分布图

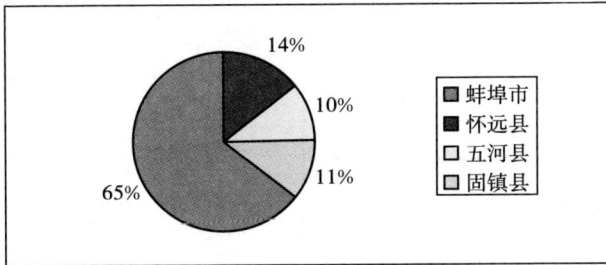

附图 4-2　蚌埠市廉租房建设规模分布图

从上面的图表中不难发现：蚌埠市廉租房建设以市区为主，市区廉租房主要建设在淮上区。廉租房建设以市区为主的原因是城镇人口分布及其迁徙规律，将廉租房很大一部分布局于淮上区，则是因为淮上区于 2004 年方才成立。由于设立时间晚，其地价较低，建设成本也比在其他行政区建设保障房要低。2012 年，淮上区廉租房的平均造价为 1401.8 元每平方米，同期经济开发区廉租房的平均造价为 2208.58 元每平方米。

在廉租房建设方式上，2012 年以前主要采用政府组织、集中建设廉租房的模式,随后转变为配建为主的模式。所谓配建模式是指商业房地产商在新建住宅时,政府将配套建设一定比例的保障房作为其获取住宅开发用地的条件,开发商按照要求建成保障房并通过验收后,政府按约定价格回购保障房的模式。配建模式相对于集中建设模式,很好地解决了不同收入层级人群的"居住隔离"问题。

(二)蚌埠市公租房建设情况

蚌埠市的公租房建设始于 2010 年,建设的第一个公共租赁房小区——果园新村位于蚌埠市工业园区,建设目的是为了解决工业园区西扩区域低收入居民家庭的居住问题,截至 2013 年,该小区已建成公共租赁住房共1346 套。至 2013 年底,蚌埠市公共租赁住房累计建设 17084 套,总面积达97.4 万平方米。2010 年至 2013 年蚌埠市公租房建设情况参见附表 4-2;公租房区域分布情况参见附图 4-3 与附图 4-4。

附表 4-2 2010—2013 年蚌埠市公共租赁房建设情况

项目名称	建设规模（平方米）	总投资（万元）	总套数（套）	竣工套数（套）
2010—2013 年项目合计	973943	189802	17084	6357
2010 年项目合计	24000	5875	400	400
2011 年项目合计	310026	50702	5418	4903
2012 年项目合计	324386	64498	5722	1054
2013 年项目合计	315531	68727	5544	

数据来源:根据蚌埠市相关的文件整理。

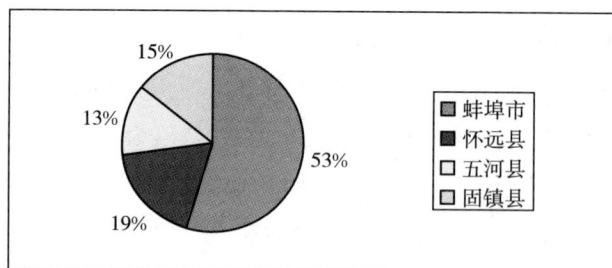

附图 4-3 蚌埠市公共租赁房建设规模分布图

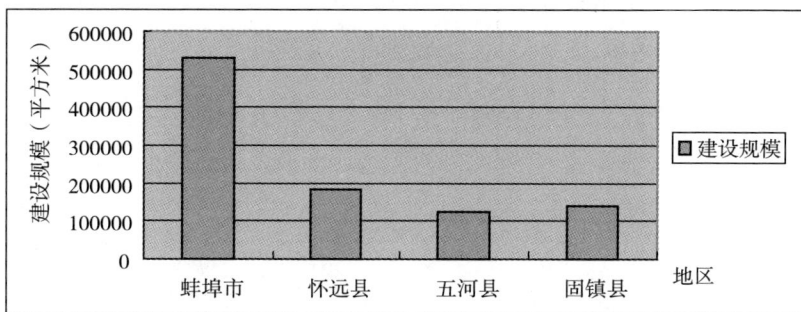

附图 4-4　蚌埠公共租赁房建设规模分布图

(三)蚌埠市租赁型保障房建设特点

1. 力求做到"应保尽保"

从土地供应保障到保障对象的确定,蚌埠市对于住房保障追求的目标是住房保障覆盖到全部应保对象。蚌埠市遵循国家与安徽省政府相关规定,对于住房保障建设用地实行单列,2010—2013 年,住房保障建设用地在住宅建设用地中的占比达到 70%;同时,动态调整应保范围,将来蚌埠务工人员、高校毕业生和上岸渔民纳入住房保障范畴。

2. 有效防止"居住隔离"

建设廉租房较多实行配建模式;建设公租房时一般选择生活相对便利的区域,蚌埠市最大的公租房项目位于该市胜利东路,是蚌埠市较为核心与繁华的区域,该项目建设面积达到 156000 平方米,投资近 35000 万元,可以为 2600 个家庭提供住房保障。

3. 建筑追求"舒适宜居"

蚌埠市在廉租房建设过程中关注建筑密度、容积率、绿地率及相关配套设施建设。

二、蚌埠市租赁型保障房建设资金安排情况

(一)蚌埠市廉租房建设资金投入情况

2008 年至 2013 年蚌埠市廉租房建设资金投入情况如附图 4-5 所示。

(二)蚌埠市公租房建设资金投入情况

2010 年至 2013 年蚌埠市公租房建设资金投入情况如附图 4-6 所示。

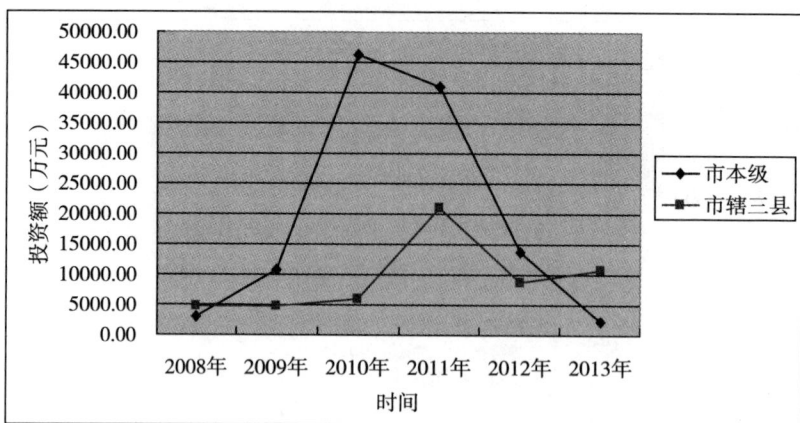

附图 4 - 5 2008—2013 年蚌埠市廉租房建设资金投入情况

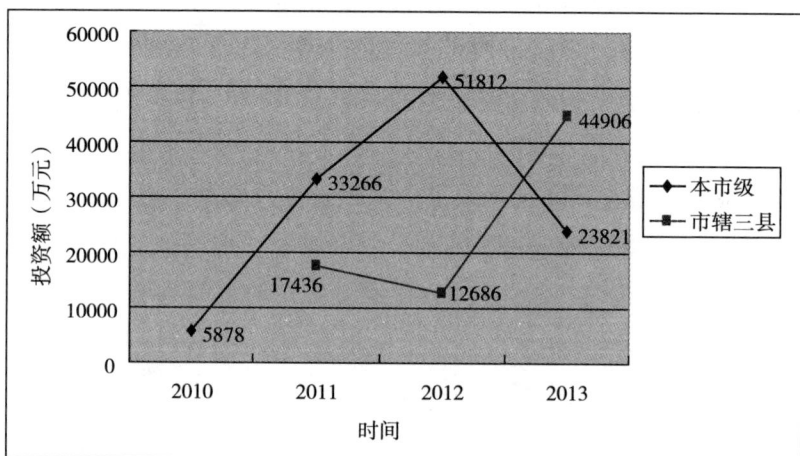

附图 4 - 6 2010—2013 年蚌埠市公共租赁房建设资金投入情况

(三)蚌埠市租赁型保障房建设资金安排特点

1. 资金投入的时间序列分布及区域分布呈现动态调整特征。从时间序列分布而言,对于租赁型保障房的资金投入高峰出现在 2010 年至 2012 年,随后呈现一定的下降态势;从资金投入的区域分布而言,2012 年以后,加大了对下辖三县租赁型保障房建设的资金投入。

2. 随着保障规模的扩大,依然存在租赁型保障房的后续需求。2008 年至 2013 年蚌埠市共建设廉租房 22959 套;2010 年至 2013 年共计建设公租房 17084 套。截至 2013 年,蚌埠市共新建租赁型保障房 40043 套。蚌埠市总人口约 367 万,如果按照 60%的城镇化率,其中 10%的城镇家庭需要通过租赁型保障房提供保障(假定住房保障覆盖率 20%中的一半通过租赁型保障房路径实现),通过住房租赁实现保障的总人数超过 22 万人,按户均 3.2 人计算,租赁型保障房需求量约 6.88 万套。

3. 人力及材料等成本的提升,致使租赁型保障房单位建设成本不断提高。2011 年至 2013 年,蚌埠市公共租赁住房的单位面积平均造价从 1448 元上涨至 1988 元,累计上涨 33.2%,年均上涨率约 16%。

附表 4-3　2010—2013 年蚌埠市公共租赁房平均造价

年份	2010	2011	2012	2013
平均造价(元)	1448	1635	1988	2178

数据来源:根据蚌埠市相关的资料整理。

4. 资金来源结构中,以地方政府资金筹集为主体。2011 年,在蚌埠市廉租房建设资金来源中,中央财政与省级财政投入分别占投资总量的 26% 和 13%,需要地方政府解决的廉租房建设资金占资金投入总量 61%。2013 年,蚌埠市共新增租赁型保障房 7057 套(其中廉租房 1557 套、公租房 5500 套),建设资金累计 8.163 亿元。其中,中央财政补助与省级财政补助合计 2.887 亿元,地方政府通过各种路径募集资金 5.276 亿元,占比约为 64.6%。

附表 4-4　2011 年蚌埠市廉租房建设资金情况表

	建设套数	总投资(万元)	中央投资(万元)	省级投资(万元)	地方投资(万元)
市本级	4013	32958	7850	3974	21134
市辖三县	2758	18219	5622	2667	9930

资料来源:安徽省财政厅。

附表 4-5　2010—2012 年中央级省级政府对蚌埠市公租房建设补贴

单位:万元

年份	中央专项补助	省级专项补助	合计	市级自筹资金	总投资额
2010	1038	61	1099	4776	5875
2011	4849	1076	5925	44777	50702
2012	13709	1979	15688	48810	64498

数据来源:根据蚌埠市相关的资料整理。

5. 蚌埠市地方筹集租赁型保障房建设的资金来源,以财政投入与地方平台筹集资金为主。分税制改革后,市级财政预算内收入增长较慢,地方建设在很大程度上依赖土地出让收益;在租赁型保障房建设中,财政资金投入的缺口主要通过地方融资平台向银行借贷资金加以解决,通过公积金增值收益及公共资金等来源募集的保障房建设资金数量极为有限。

三、调研基本结论

蚌埠市租赁型保障房建设取得了预期成效,资金来源问题是制约蚌埠市住房保障体系进一步完善的关键因素。在中央财政与省级财政对于租赁型保障房建设资金补助比例难以提升,土地市场变化致使土地财政难以长期为继的前提下,蚌埠市为完成后续的租赁型保障房建设任务,同时也是为了具备之前保障房建设融资的清偿能力,必须不断拓展资金来源渠道,力求通过保障房融资创新解决住房保障资金来源问题。

附录5　蚌埠市棚户区改造及资金需求情况调研

一、2010年至2012年蚌埠市棚户区改造及中央补贴资金情况

蚌埠市于2010年被省政府确定为安徽省棚改试点城市,棚户区改造任务主要由蚌埠市城市开发有限公司、城市建设有限公司和城市投资有限公司承担。

2010年至2012年蚌埠市棚户区改造情况及中央补贴资金情况如附表5-1和附表5-2所示。

附表5-1　2010—2012年蚌埠市棚户区改造情况　　单位:户

市\县		2010年	2011年	2012年
市本级		14738	10832	15000
县	怀远	4114	1698	1500
	五河县	3160	2327	500
	固镇县	488	144	1500
蚌埠市		22500	15000	18500

资料来源:根据蚌埠市相关资料整理。

附表5-2　2010—2012年蚌埠市棚户区改造中央财政补助资金情况

单位:万元

市\县	2010年中央财政补助分配金额(万元)	2011年中央财政补助分配金额(万元)	2012年中央财政补助分配金额(万元)
市本级	1259	2214	23132

（续表）

市\县		2010年中央财政补助分配金额（万元）	2011年中央财政补助分配金额（万元）	2012年中央财政补助分配金额（万元）
县	怀远县	383	436	1864
	五河县	295	573	6759
	固镇县	45	31	3078
蚌埠市		1982	3254	34833

资料来源：根据蚌埠市相关资料整理。

二、2013年至2017年蚌埠市区棚户区改造规划任务及投资需求测算

根据蚌埠市政府的工作规划，2013年至2017年蚌埠市区拟改造棚户区64个，棚户区改造建设总面积近349.6万平方米，累计需投资约141亿元。附表5-3反映了蚌埠市区棚户区改造区域分布情况；附表5-4为蚌埠市区棚户区改造相关经济技术指标；附表5-5为根据经济技术指标测算的投资需求情况。

附表5-3　2013—2017年蚌埠市区棚户区改造区位分布情况

单位：平方米

各区	龙子湖区	蚌山区	禹会区	淮上区	经开区	高新区
建设面积	812930	399492	914703	814346	364206	190000

资料来源：根据蚌埠市相关资料整理。

附表5-4　蚌埠市区棚户区改造相关经济技术指标

序号	内容名称	单位	龙子湖区	蚌山区	禹会区	淮上区	经济开发区	高新区	合计
拆迁情况	棚户区占地面积	公顷	74.4822	42.4912	234.0756	409.7	42.2906	14.00	817.0396
	建筑面积	万平方米	81.293	39.9492	91.4703	81.4346	36.4206	19.00	349.5677
	户数	户	11059	3508	13974	8325	4986	1300	43152

（续表）

序号	内容名称	单位	龙子湖区	蚌山区	禹会区	淮上区	经济开发区	高新区	合计
重新安置情况	新建安置房用地	亩	499.17	247.95	713.55	699.60	517.20	97.50	2774.97
	新建总建筑面积	万平方米	97.1602	47.7467	109.3239	97.3294	43.5293	22.7085	417.798
置换土地	住宅面积	万平方米	75.3180	37.0129	84.7472	75.4492	33.7437	17.6035	323.8745
	配套用房面积	万平方米	15.0636	7.4026	16.9494	15.0898	6.7487	3.5207	64.7748
	配套地下车库面积	万平方米	6.7786	3.3312	7.6273	6.7904	3.0369	1.5843	29.1487
其中	公共用地面积	公顷	9.54	1.50	10.69	0.00	0.00	0.00	21.72
	可出让土地面积	公顷	10.56	14.29	59.68	286.79	17.73	0.00	389.05
估算总投资		亿元							141.0026
融资方案	自筹资金	万元							41.0026
	银行贷款	万元							100.0000
财务分析指标	内部收益率	%							10.05%
	投资回收期	年							8.25
	财务净现值（$i_c=3\%$）	万元							346494.36

资料来源:蚌埠市棚户区改造规划资料。

附表 5-5　2013 年至 2017 年蚌埠市区棚户区改造投资测算表

序号	费用名称	龙子湖区 金额（万元）	蚌山区 金额（万元）	禹会区 金额（万元）	淮上区 金额（万元）	经开区 金额（万元）	高新区 金额（万元）	合计 金额（万元）
1	企业搬迁费	29000	14500	24747	5000	0	0	73247
2	土地征用费用	23925	13988	27135	33074	10177	6706	115006
3	前期费用	5119	2518	5912	5328	2587	1177	22641
4	基础设施费	21979	10493	24975	21577	9852	4931	93806
5	建筑安装工程费	174135	85574	195936	174438	78015	40699	748797
	土地及建设费用（1至5）小计	254158	127073	278705	239417	100631	53514	1053497
6	建设单位管理费	762	381	836	718	302	161	3160
	项目建设成本合计	254920	127454	279541	240135	100933	53674	1056658
7	预备费	10197	5098	11182	9605	4037	2147	42266
	项目静态投资合计	265117	132553	290723	249741	104970	55821	1098924
8	建设期银行利息（6.55％）							107402
	项目建设总投资合计	265117	132553	290723	249741	104970	55821	1206326
9	货币化买断15％	52424	29099	51919	37701	22202	10355	203700
	项目总投资合计	317541	161652	342641	287442	127172	66176	1410026

资料来源：蚌埠市棚户区改造规划资料。

三、2013 年至 2017 年蚌埠市区棚户区改造预期收入情况

棚户区改造收入主要来源于土地出让收入、商业用房出售收入及配套设施（如停车位）出售收入等，其中土地出让收入是棚户区改造收入来源主体。根据蚌埠市相关部门测算，2013 年至 2017 年蚌埠市区棚户区改造预期可获得土地出让收入约 123 亿元（具体测算见附表 5-6）；预期建成商业用房总计 453424 平方米，按每平方米 1 万元价格计算，可得销售收入约

453424万元;预期建成停车位9716个,按每个停车位6万元价格计算,可得销售收入约58296万元。以上三项合计可获得收入约1742175万元。收入来源结构如附图5-1所示。

附表5-6　蚌埠市区棚户区改造土地出让收入测算

内容名称	龙子湖区	蚌山区	禹会区	淮上区	经济开发区	高新区	合计
可出让土地面积(亩)	158.4	214.35	895.2	4301.85	265.95	0	389.05
出售价(万元/亩)	400	500	380	150	280	100	1810.00
出让金(万元)	63360	107175	340176	645277.5	74466	0	1230455

资料来源:根据蚌埠市相关资料整理。

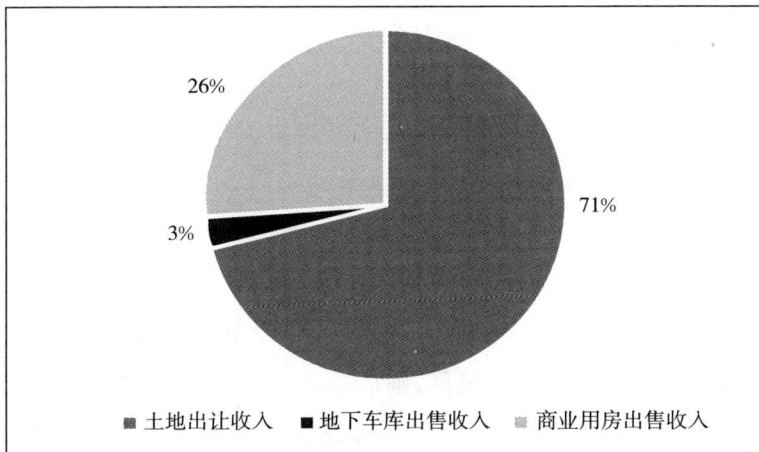

附图5-1　蚌埠市棚户区改造收入来源结构

四、棚户区改造过程中的融资安排

虽然按照投资需求测算与预期收入测算的结果,2013年至2017年蚌埠市棚户区预期收入超过预期投资,覆盖率达到123.6%。但在棚户区改造的过程中,收入的实现相对于投资而言,存在较长的滞后期,因此棚户区改造过程存在很大的融资需求。蚌埠市棚户区改造融资安排主要包括如下路径。

1. 开展棚户区改造地方融资平台土地抵押融资,以蚌埠市城市开发有限公司、城市建设有限公司和城市投资有限公司为依托,利用土地储备从银行获得土地抵押贷款。为了顺利获得贷款,政府往往要为贷款提供担保。

在诸多贷款银行中,国家开发银行发挥了极为重要的作用。针对棚户区改造工作量大、现金流不足和分布区域广等特点,国家开发银行安徽分行在实践中摸索形成了"小范围操作、分类审核、统一评价、有条件承诺"的棚户区改造授信管理模式。2013 年至 2017 年,安徽省棚户区改造拟从国家开发银行融资 400 亿元,其中八分之一为过桥贷款,八分之七为项目贷款。合肥、芜湖、蚌埠、马鞍山、铜陵这五个城市可直接向当地国开行融资,其余市县在自愿的基础上委托省一级进行融资①。棚户区改造贷款均为中长期贷款,其中过桥贷款期限为 5 年,项目贷款期限约 12 年。融资利率参考市场与政策变化,由国开行和省建投公司协定,一般较中国人民银行同期同档次基准贷款利率低。

2. 棚户区改造企业通过企业债券进行融资。根据相关规定,在不超过项目总投资 70% 的前提下,发行企业债券筹集资金是被允许的。通过发行债券筹集棚户区改造资金,得到蚌埠市发改委的鼓励,同时还能获得政府的相关政策支持。蚌埠城投公司 2013 年规划发行不超过 16 亿元的公司债,部分获得了国家发改委批复,筹集的资金用于建设中环线老山路南段工程项目、朝阳南路棚户区和廉租房项目、解放路道路工程项目、陶山小区二期建设项目、中环线高新区段工程项目、汤和路延伸南段工程项目以及延安路(燕山路-中环线)道路工程项目。

五、调研结论

棚户区改造项目如果运作得好,一般而言,产生的收入可以覆盖投资。但收入对于投资的全覆盖并非棚户区改造的必然结果,以蚌埠市区 2013 年

---

① 资料来源于记者吴量亮:安徽日报,2014.03.28。

至 2017 年棚户区改造的预期收入为例,其中绝大部分来源于土地出让收入,因此预期收入能否实现在很大程度上取决于土地市场情况。

即使是在棚户区改造收入可以覆盖投资的情况下,棚户区改造过程中依然存在巨大的融资需求,需要通过拓展融资渠道加以满足。以蚌埠市区棚户区改造为例,预期收入对于预期投资的覆盖超过 120%,但在棚户区改造过程中,蚌埠市政府的融资压力仍然很大,深感需要进一步拓展融资路径。

参考文献

［1］Hancock K. Can Pay? Won't Pay? or Economic Principles of Affordability［J］. Urban Studies,1993(1).

［2］Charles Wurtzebach, Mike E. Miles. Modern Real Estate［M］. Beijing:China Renmin University Press,2001.

［3］Gibb K. Trends and Change in Social Housing Finance and Prows ion within the European Union［J］. Housing Studies,2010(2).

［4］Frank N. The Evolution of the Low-Income Housing Tax Credit and the Boom in Affordable Housing［J］. Real Estate Finance,2001(4).

［5］Lawson. Milligan International Trends in Housing and Policy Responses［R］. AHURI Final Report,2007.

［6］Li Yin Shen, Andrew Platen, X. P. Deng. Role of public private partnerships to manage risks in public Sector projects in Hong Kong［J］. Intemational Journal of Project management, 2006(24).

［7］Balchin Paul. Housing Policy in Europe［M］. New York:Routledge, 1996.

［8］Hughes J. W. Economic shifts and the Changing Homeownership Trajectory［J］. Housing Policy Debate,1996(2).

［9］Gary Painter. Does variation in public housing waiting lists induce intra-urban mobility? ［J］. Journal of housing economics,1997(6).

［10］Bratt, et al. Confronting the Management Challenge［M］. Phiadelphia:Temple UniversityPress,1997.

［11］James E. Wallance. Financing Affordable Housing in the United States［J］. Housing Policy Debate. V01. 2003(4).

［12］Krugman P. Parting Like It's 1929［N］. The New York Times，March 21，2008.

［13］Torbins A. , S. S. Hyun. The Shadow Banking System：Implicationsfor Financial Regulation［R］. Staff Report no. 382，July 2009.

［14］Platten A. Role of Public Prrivate Partnerships to Manage Risks in Public Sector Projects in Hongkong［J］. International Journal of Project Management，2006(24).

［15］Braid，R. M. Uniform Spatial Growth with perfect Foresight and Durable Housing［J］. Journal of Urban Economics，2003.

［16］Adams D，Watkins C，White M. Planning. Public Policy &.PropertyMarkets［M］. Oxford：Blackwell Publishing，2005.

［17］Charles Wurtzebach，Mike E. Miles. Modern Real Estate［M］. Beijing：China Renmin University Press，2001.

［18］David T. Brown. Liquidity and Liquidation：Evidence from Real Estate Investment Trusts［J］. The Joumal of Finance，2000(5).

［19］E. S. Savas. Privatization and public-private sector partnerships ［M］. Beijing：China Renmin University Press，2002.

［20］Lund B. Understanding Housing Policy［M］. Bristol：PolicyPrss. 2006.

［21］Legrand J. Motivation，Agency and Public Policy：Of Knights and Knaves，Pawns andQueens［M］. Oxford：Oxford University Press，2003.

［22］Maarten Wolfs，Shane Woodroffe. Structuring and financing international BOO/BOT desalination projects［J］. Desalination，2002(142).

［23］Martha Minow. Publicand private partherships：accounting fornew religion［J］. Harvard Law Review，2003(116).

［24］Noah Kofi Karlev. The mortgage backed securities market in the U. K. ：Developments over the last years ［J］. Housing Finance International，2002(10).

［25］Patricia M. Austin. Public private partnerships for funding affordable housing developments in New Zealand［M］. University of Auckland，2008.

［26］Su Han Chan，John Erickson，Ko Wang. Real Estate Investment

Trusts-Structure,Performance and Investment Opportunities[M]. Beijing：Economic Science Press,2004.

[27] William B. Brueggeman,Jeffrey D. Fisher. Real estate finance and investment[M]. Lu Yanruo translated. Machinery Industry Press,2003.

[28] Wilcox S. Affordability and the Intermediate Housing Market [R]. York：Joseph RowntreeFoundation,2005.

[29] Giersch H. Reforming the Welfare state [M]. Springer. 1997.

[30] Barlow J,Duncan S. Success and Failure in Homing Provision European Systems Comparedf[M]. Oxford：Pergamon，1994.

[31] 成思危. 中国城镇住房制度改革——目标模式与实施难点[M]. 北京:民主与建设出版社,1999.

[32] 中国社会科学院"中国城镇住房公共政策选择研究"课题组. 寻求公平前提下的住房市场均衡模型[J]. 财贸经济,2001(7).

[33] 国家发展改革委投资所住房保障课题组. 我国城镇住房保障制度主要问题和政策建议[J]. 中国经贸导刊,2008(24).

[34] 陈劲松. 公共住房浪潮一国际模式与中国安居工程的对比研究[M]. 北京:机械工业出版社,2006.

[35] 刘海燕. 中国公共住房保障制度改革探析[J]. 中国农业银行武汉培训学院学报,2009(2).

[36] 石亚东. 完善我国住房保障体系的财税政策分析[J]. 中央财经大学学报,2014(6).

[37] 盛光华,汤立,吴迪. 发达国家发展保障性住房的做法及启示[J]. 经济纵横,2015(12).

[38] 印坤华,胡彬. 关于经济适用房政策的探索[J]. 财经研究,1999(11).

[39] 印坤华,胡彬. 我国住房金融的发展瓶颈与对策研究[J]. 上海房产,2000(8).

[40] 曾永光. 经济租赁住房制度研究[J]. 城乡建设,2009(2).

[41] 卢有杰. 全面分析城镇住房保障制度[J]. 城乡建设,2004(4).

[42] 武剑. 我国中低收入家庭住房政策改革刍见[J]. 建筑经济,2009

(2).

[43] 任凤辉,于立君. 探索构建多层次动态复合型住房保障体系[J]. 税务与经济,2015(7).

[44] 娄文龙. 农民工住房保障问题研究述评[J],湖南农业大学学报(社会科学版),2016(10).

[45] 李扬,汪利娜,殷剑峰. 普遍住房保障制度比较和对中国的启示[J]. 财贸经济,2008(1).

[46] 周京奎. 我国公共住房消费融资模式及绩效分析[J]. 河北经贸大学学报,2010(3).

[47] 巴曙松. 中国廉租房的融资特征及其发展路径研究[J]. 中国房地产,2006(9).

[48] 巴曙松,张旭,王森. 中国廉租房的融资特征及其发展路径研究[J]. 西南金融,2006(10).

[49] 巴曙松. 廉租房融资应市场化运作[N]. 广州日报. 2006 - 9 - 21.

[50] 巴曙松. 破解中国廉租房之困[N]. 金融证券,2006(9).

[51] 巴曙松,王志峰. 资金来源、制度变革与国际经验借鉴:源自公共廉租房[J]. 全球化与中国,2010.

[52] 陈杰. 我国保障性住房的供给与融资:回顾与展望[J]. 现代城市研究,2010(9).

[53] 樊建伟. 社会保障住房政策融资创新机制的可行性分析[J]. 中国集体经济,2011(16).

[54] 孙娜,董晶. 廉租房新型融资模式研究——BOT 模式的运用[J]. 中国集体经济,2011(4).

[55] 韩林. ABS 融资引入公租房建设的适用性研究[J]. 合作经济与科技,2011(12).

[56] 杨璐. 基于实物期权的 PPP 项目投资决策研究[D]. 浙江大学,2008.

[57] 杨赞,沈彦皓. 保障性住房融资的国际经验借鉴:政府作用[J]. 现代城市研究,2010(9).

[58] 郑思齐,符育明,任荣荣. 住房保障的财政成本承担:中央政府还

是地方政府[J]. 公共行政评论,2009(6).

[59] 蔡冰菲. 保障性住房建设中地方政府与中央政府的博弈分析[J]. 社会科学家,2009(12).

[60] 张达,李稻葵. 建议建立保障性住房融资制度[N]. 证券时报. 2011 - 2 - 26.

[61] 施昌奎. 北京吸引民间资本进入保障性住房建设的制度创新思考[J]. 宏观经济研究 2011(6).

[62] 纪崴. 保障房建设:资金破解之道[J]. 中国金融,2011(11).

[63] 于树彬,武庄. 我国保障性住房融资模式的现状和问题分析[J]. 商业经济,2011(8).

[64] 刘方强. BOT 模式在公共租赁住房建设中的应用探析[J]. 北方经济,2011(2).

[65] 陈德强,郑思思. 公共租赁住房 PPP 融资模式及其定价机制研究[J]. 建筑经济,2011(4).

[66] 张都兴. 关于我国保障性住房融资模式的几点思考[J]. 住宅产业,2011(4).

[67] 李文瑞. 金融支持棚户区改造的路径选择——以甘肃为例[J]. 中国金融,2010(24).

[68] 袁庆春. 保障房多元融资的陕西模式[J]. 中国金融,2013(7).

[69] 王嫄. 保障性住房融资研究——以天津地区为例[D]. 南开大学硕士论文,2013.

[70] 李炳恒,叶堃晖,孙来梅. 保障性住房可持续建设资金筹措与对策研究[J]. 建筑经济. 2012(9).

[71] 姚金楼,卢建明,查小燕,杨冰. 我国保障性住房金融支持模式探索[J]. 西南金融. 2011(9).

[72] 郭丽. 保障房债券融资探析——以广州市中低收入群体的住房消费保障为例[A]. 中国房地产金融理论探索,2012.

[73] 高广春,侯菊萍. 保障房融资的国际经验[J]. 银行家,2011(2).

[74] 惠博,张琦. 保障性住房研究——美国、新加坡的经验及其对中国的借鉴[J]. 武汉金融,2011(5).

[75] 惠博,张琦.美国、新加坡的保障性住房研究及对中国的借鉴[J].金融与经济,2011(5).

[76] 惠博,张琦.保障性住房研究——美国、新加坡的经验及对我国的借鉴[J].环渤海经济瞭望,2011(6).

[77] 曹大飞,何文思.刍议我国保障房建设的融资模式[J].农村金融研究,2011(12).

[78] 李新.保障房的定位和融资[J].中国房地产金融,2012(4).

[79] 申明锐,罗震东.英格兰保障性住房的发展及其对中国的启示[J].国际城市规划,2012(4).

[80] 韩佳骏.房地产市场宏观调控中法律问题的思考[J].经营管理者,2012(16).

[81] 曲一阳.REITs 房产企业融资一扇窗[N].证券日报,2006-06-18.

[82] 杜宇.加快改造步伐惠及更多百姓——住房城乡建设部有关负责人谈棚户区改造[J].中国勘察设计,2012(11).

[83] 马辉民,漆鹏飞,刘昌猛,滕联合.黄石市公共租赁住房管理信息系统的建设[J].中国房地产,2012(21).

[84] 住房城乡建设部:全国1200万户家庭住棚户区拆迁难度大[J].城市规划通讯,2012(20).

[85] 孙玉敏.上海最大规模保障房基地入市[J].上海国资,2012(12).

[86] 林凤鸣.告别蜗居照亮生活[J].中国房地产业,2012(21).

[87] 国务院印发《国务院关于加快棚户区改造工作的意见》[J].城市规划通讯,2013(14).

[88] 江娅.城市棚户区改造工作新模式[N].学习时报,2012-06-18.

[89] 张传勇.我国保障房资金缺口问题及其解决途径[J].科学发展,2013(12).

[90] 刘爽.加快推进哈尔滨市棚户区改造建设的建议[J].对外经贸,2013(10).

[91] 王建辉.中国房地产市场调控的困境与应对——以房地产价格调控为视角[J].中南财经政法大学研究生学报,2013(3).

［92］王家华,徐瑞,刘路瑶,张杰.保障房建设融资模式创新探究[J].财会通讯,2016(6).

［93］万其龙.我国保障房融资问题研究述评[J].西南金融,2016(6).

［94］范晨光.基于 BOT - REITs 的租赁型保障房融资模式整合——以河北保定市为例[J].财会月刊,2016(4).

后　　记

　　本书是我主持的国家社会科学基金项目"我国保障房体系动态优化中的金融支持与风险控制研究"（项目编号 12BJY156）的主要研究成果。项目依托单位安徽财经大学是安徽省重点建设的地方高水平大学，多年来一直重视科学研究工作，在该项目研究过程中，给予了多方面支持。为了打造一流团队、出一流成果，安徽财经大学有计划地设立了一批学科特区，该项目研究还得到了学校金融学科特区的支持。

　　本书由我进行总体设计与总纂，同时我也是主要执笔人。课题组成员文忠桥、张博、高志、李奎、周海林和黄华继或参与了框架设计、或参与了调查研究、或进行了模型设计与数据处理，他们对本书的撰写发挥了很大的作用。我的研究生李奎、华玉燕、赵纳、李婷、秦雨、吴淑婕、周慕蓉、徐亚君、宁雅珊和孙晓晓等也深度参与了课题研究，在调研及数据与文字处理方面发挥了重要作用。

　　感谢课题组成员和我曾经带过的研究生的辛勤付出。感谢安徽财经大学校长丁忠明教授百忙之中抽出时间为本书作序。感谢学校和金融学科特区对项目研究和对我本人方方面面的支持，感谢在项目研究过程中为调研提供方便的单位和个人，感谢给予我宝贵意见的专家学者，感谢所有给予我鼓励与帮助的朋友。

徐旭初

2018 年 3 月

图书在版编目(CIP)数据

我国保障房体系动态优化中的金融支持与风险控制研究/徐旭初著.
—合肥:合肥工业大学出版社,2018.4
ISBN 978-7-5650-3900-3

Ⅰ.①我… Ⅱ.①徐… Ⅲ.①住宅金融—金融支持—风险管理—
研究—中国 Ⅳ.①F299.233.3

中国版本图书馆 CIP 数据核字(2018)第 067455 号

我国保障房体系动态优化中的金融支持与风险控制研究

徐旭初 著

责任编辑	张择瑞	
出版发行	合肥工业大学出版社	
地 址	(230009)合肥市屯溪路 193 号	
网 址	www.hfutpress.com.cn	
电 话	编 辑 部:0551-62903204	
	市场营销部:0551-62903198	
开 本	710 毫米×1010 毫米 1/16	
印 张	13.75	
字 数	206 千字	
版 次	2018 年 4 月第 1 版	
印 次	2018 年 6 月第 1 次印刷	
印 刷	合肥现代印务有限公司	
书 号	ISBN 978-7-5650-3900-3	
定 价	36.00 元	

如果有影响阅读的印装质量问题,请与出版社市场营销部联系调换。